男と女の離婚格差

石坂晴海
Harumi Ishizaka

男と女の離婚格差

目次

装丁　横山京子
カバーイラスト　徳光和司
JASRAC　出0703367－701

はじめに

2つの07年問題がいよいよスタートした。300万人といわれる団塊世代が一斉に定年を迎え、技術の引き継ぎなどへの不安が高まっていることが本家「07年問題」だ。しかし注目度は「もうひとつの07年問題」のほうがだんぜん高い。年金分割制度の施行まで離婚を我慢していた「待機組」の妻たちが一斉に離婚に踏み切るのではないかと予測されている。ある経済研究所の試算ではその数4万2000組、8万4000人にのぼる。

サラリーマンの夫を持つ専業主婦の場合、離婚のときに夫の厚生年金の受給権を分割することができ、最高で夫の厚生年金の半分を自らの基礎年金に上乗せできる。さらに団塊世代の夫を持つ妻なら退職金の分割も期待できる。経済的に離婚をあきらめていた妻たちの背中をぐっと押すことは間違いない。

おそらく熟年離婚バブルはやってくる。そしてそれは男と女の離婚格差という新たな現象を生むだろうと私は想像する。

事実、ある調査によれば離婚した男性の寿命は離婚しない男性に比べて9年近くも短いと報告されている（国立社会保障・人口問題研究所）。食生活や健康管理を妻にまかせてきた夫が離婚によって健康を害するケースは珍しくない。さらに寂しさからアルコールやギャンブルに依存してしまうこともあるだろう。地域社会とのネットワークも乏しく、また妻側に同情する子どもや孫たちとも疎遠になるかもしれない。と、山ほど暗いことを書いてしまったが、こういうことを既婚男性に話すと途中まではふんふんと聞いていても、最後には必ずこう言われる。

「まあそれが離婚する女性たちにとっては小気味いいんだろうね。ざまあ見ろって」

あるいは、

「ふん。でも年金の分割ぐらいで本当に離婚後の生活ができるのか疑問だね。本を書くならそのへんをちゃんと忠告してあげたほうが親切なんじゃないの」

または、

「まあそうなったら新しい嫁さん見つけるしかないよなあ。おれ、ほんとに何にもできないからさ」

で、離婚する妻たちは何がそんなに嫌なんだろうか？　と聞いてくれる既婚男性はほとんど皆無だ。知ろうとしない。パートナーシップにおいてこれは致命的な病であり、ほんとうの離婚格差はここから生まれるのだと思う。

妻たちは違う。離婚を決めるまでのプロセスの中で貪欲《どんよく》に知ろうとする。知ろうとし続ける。そして自分にとって大事な真実を知ったときに静かに離婚を決意するのである。この本を含めて、これまで取材してきた妻たちはそうだった。

自分にとっての真実を知ることで離婚を選択した妻と、何ひとつ知ろうとしないまま離婚される夫。このスタートラインの差がそのまま、離婚後の人生の質的な格差につながる。「知る」ということはそれほどパワフルで自らを再生させる力になる。そのことを教えてくれたのが、これから登場する妻たちだった。

苦しみと葛藤の中で妻たちは何を知り、どう離婚を決断したのか。誰も尋ねてくれないそのことを知ってほしくてこの本を書いた。夫たちが知ろうとしないかぎり、妻たちの不幸も続くのだと思うからである。

妻たちはなぜ離婚を選択するのか。理由はひとつしかない。

幸せになりたいからだ。

そしてこれが夫にはわからない。

「家族のために一生懸命働いて何不自由ない生活をさせてきたのに、何が不幸なのか、何が不満なのか」と思う。残念ながら、だから妻は不幸なのである。

生活と人生が違うように安定と幸せは違う。神は細部に宿るという言葉どおり、幸せもあるささいな瞬間に宿る。テーブルにご馳走を出されても「おいしいね」と分かち合える相手がいなければ幸せな食事とはいえない。それが動物と人間の違いなのだと思う。

「じゃあどうすれば満足するのか、おれにどうしてほしいのか」

と聞かれても私も妻も困る。仕事ではないのだ。

幸せはどういう瞬間に宿るのか、それは自分自身で感じてみるしか知る方法はない。あるいは妻の目の中に、表情に、しぐさに、それを感じ取ることができたら、その瞬間に必ず幸せを感じるはずなのである。（もしそうでなかったら離婚という選択は正しいかもしれない）

よく言われるように男性は鈍感なのだろうか。私はそうは思わない。人の心に鈍感な人が社会の複雑な人間関係の中で仕事をして実績を残せるはずがないと思うからだ。

今まで使ったことのない感情を動かしてみるだけで、何かを知ることはできる。もちろん感情を動かすには具体的なアクションが必要になる。

これから登場する妻たちの言葉に耳を傾けたことが最初のアクションになったとしたら、私にとってはこのうえなく幸せな瞬間になる。

※本文中に登場する妻たちはすべて仮名です。年齢は取材時のものです

第1章　モラハラ離婚

「モラル・ハラスメントという言葉を知った瞬間、はらりと呪文が解けるんです」

年金分割制度施行による07年問題とともに、急浮上してきた言葉がモラル・ハラスメントという言葉だ。事実、夫から受けていたのはモラル・ハラスメントだったと気づいて離婚に踏み切る、いわゆるモラハラ離婚が急増しているという。年金分割制度の施行にともない、モラハラ離婚という台風も本格的に上陸するのではないかと思う。なぜなら、これまで言葉では説明できなかった妻が夫に感じる疲れや恐れの正体を、この言葉がすっきりと暴くからである。

モラル・ハラスメントとは精神的DVの別称で、精神的ないじめのことをいう。相手をひとりの人格として認めず、言葉や態度で貶《おとし》め、雰囲気で威圧し、恐怖感と罪悪感を使って思い通りにコントロールしようとする。ここまで書くと、

「あ、じゃあおれとは関係ないわ」

と思う夫がほとんどだと思う。しかし、モラル・ハラスメントをしている夫、通称モラ夫の多くはその自覚がゼロで、むしろ自分はいい夫だと固く信じているのが特徴なのである。モラル・ハラスメントに詳しく『離婚裁判』（アメーバブックス）の著者でもある弁護士の荘司雅彦氏も「彼らに共通しているのは自覚がないこと。本人はふつうと思ってやってることが妻を追いつめている」と警告している。

ふつうと思ってやっている、というところがポイント。むしろ昔からふつうに行わ

れてきた行為だからこそ自覚しにくいのではないかと私は思う。それほどモラル・ハラスメントに関する本に登場する夫たちは、私の身近にもふつうにいる夫たちだからだ。第三者から見たらたんなる亭主関白、昔なつかしい雷おやじに見えてしまう。しかしそれが家庭という密室の中で長期間にわたって繰り返し行われるのがモラル・ハラスメントであり、しかも「外ヅラいのち」である点でも、たんなる亭主関白とは似て非なるものなのである。あるいはこれまで亭主関白だとされていた夫の実態がモラハラであることも相当数あるのではないかと思う。

以下はモラハラ離婚をした妻が立ち上げた『モラル・ハラスメント被害者同盟』が作成した「モラ夫リスト」である。

妻の前で舌打ちしたりため息をつく
妻が楽しそうにしていると不愉快になる
夫婦の予定を嘘をついて変更したことがある
家の物事は自分が決定すべきだと思う
妻との言い争いには絶対に負けたくない
妻の食事が気に入らず食べないことがある

都合の悪いことはすぐに忘れる
妻の趣味をけなしたことがある
妻を長期間無視したことがある

こんなことも精神的DVになるのか、と思うかもしれない。しかしここに「悪意」が一滴たらされたとき、背筋が凍るほどのサスペンスになる。そしてそれが日常的に繰り返し行われたとき、妻たちは心理的に追いつめられ、自分を失い、ゆっくりと壊れていく。しかし夫から自分が受けているのはモラル・ハラスメントという精神的暴力なのだと知ることでその呪縛から解かれた妻たちは、迷わずに「脱出」に踏み切る。離婚を選択するのである。

ここに登場する3人の妻たちはその「生還者」だった。

「夫の機嫌」がルールブック

「早く離れなさい。このままいくとご主人と息子さんは殺しあうことになるかもしれませんよ」

熊谷早智子さん（46歳）が離婚を決意したのは3年前、初めて訪れた心療内科のドクターのこの一言だった。

「たしかに我が家は毎日が銃弾の飛び交う戦場だった。とうぜん息子はその被害をもろに受けていて、人の顔色を見る子どもになっていたんです」

無視、ためいき、睨み、軽蔑した冷たいまなざし、ほのめかしや馬鹿にした言葉、突然爆発する怒りと罵声。結婚していた20年間、早智子さんが受け続けてきた銃弾の数々だ。そうした夫の言動に「名前」があるとインターネットで知ったのは心療内科を受診する10日ほど前だった。

「モラル・ハラスメント」という精神的な暴力。読めば読むほど、夫の態度や言動にぴたりと重なった。しかしほんとうに夫はその「加害者」なのか、そうだとわかったとしても自分はいったいどうしたらいいのか。早智子さんが心療内科を訪れたのはそのことを確認するためだった。そして夫の日常的な言動を説明した早智子さんに医師が伝えたのは、冒頭の衝撃的な「診断」だったのである。夫と息子が殺しあうかもしれない。妻であり母である女にとってこれほど残酷なシナリオはない。しかも早智子さんにとってそれは脅しではなく心底納得できるものだった。

「すでにそのころ、義兄の家では暴力による政権交代を終えていたんです。夫の実家は家系的にモラ夫で、義父も義兄も夫とそっくり同じタイプの夫だった。その義兄がある日、高校生の息子から殴りかかられて簡単に白旗をあげた、その日から息子にヘコヘコと媚《こ》びへつらうようになっていたんです。だからすごく説得力があった。このまま夫と息子を一緒にしていたら危ないんだって」

ただしそれもこれも「モラル・ハラスメント」という言葉に出会っていなかったら何も始まらなかったと早智子さんは確信している。

「モラル・ハラスメントという言葉を知った瞬間に呪縛が解けるんです。この言葉に出会わなければ今でも我慢していたと思う。それくらいわかりにくいんです」

ジキルとハイド。夫は2つの顔を使い分ける天才だったからである。

22歳で見合い結婚をした夫は公務員で三男坊、しかも長身でかなりのイケメンという

「断る理由がない」相手だった。仕事熱心で誰にでも誠実で優しい。それは20年変わらなかった夫の「外」の顔である。とうぜん交際中は早智子さんをお姫さま扱いし、「耳がかゆいわと言えば耳かきを持って飛んできそうな勢い」だったという。一方、誰に対しても猫をかぶることができない性格の早智子さんは、明るく快活ではきはきものを言う「素」の自分のまま夫に接した。実家の貧しさや父親との確執など、ありのままの自分を理解してもらうための情報は隠さずに夫に話した。早智子さんのその正直さと真っ直ぐさをおそらく夫は愛したのだろう。自分にはないものだからだ。結婚後も仕事を続けたい、家事は分担してほしいとの早智子さんの申し出に「2人で力を合わせて生きていこう」と約束してくれた。理想的な夫に出会えたと、早智子さんは心から喜んだ。

「ただ式を挙げるまでの8ヶ月間に2つだけ、心に小さく引っかかるものがあったんです」

ひとつは夫が何度か口にした「おれは親父のようにはならない」という言葉だ。どういう意味かと聞いても具体的なことは何も話さなかった。もうひとつはささいなことで口論になったときに見せた夫の「見たことのない顔」だった。

「いつもの温和な表情とはまったく違う夫の顔だった。びっくりして言葉も出なくてその場を立ち去るしかなかった。翌日、悪かったと電話が入ってもすぐには返事ができなかったほど、何か異常なものを感じたんですね」

新婚旅行から帰るとその「何か」はすっかり正体を現した。それは夫の「内」の顔であり、まさに「豹変」だった。

「ある日突然、夫が口をきかなくなったんです」

食卓にいても不機嫌そうにテレビを見たり新聞を読んでいる。どうかしたのかと話しかけても無視。翌日も不機嫌なまま起きてきて、無言のまま家を出て、一言もしゃべらずに寝てしまう。そんな日が3日続いた夜、食事の後片付けをしている早智子さんの背中に怒号が浴びせられた。

『おまえ、何とも思わないのか！』

『え？』

『だから、何とも思わないのかと聞いているんだ！』

あきらかに夫が怒っているのはわかる。でも自分の何が夫を怒らせたのかがわからない。完全に混乱しうろたえた早智子さんに、夫は「おまえ、おれの親父に何て言った？」とすごんだ。その数日前に夫の両親に新婚旅行の土産の洋酒を届けた。その際の「日本で買うと高いけど海外だからとても安く買えたんですよ」という言葉に「おまえ、おれの親に恩を売る気か！」と激怒したのである。このとき「恩を売る？ 冗談じゃないわ、どーいう意味よ!!」と切れ返していたらその後の展開は違ったのかもしれない。しかし若かった早智子さんは不注意な言葉だったと自分を恥じ、夫に謝罪した。以後20年間、この「おまえ、何とも思わないのか！」は夫の強力な武器となったのである。

「その場で言えばいいものを何日も無言で不快さと不機嫌さを全身から発し続ける。で、何とも思わないのか、という言葉で爆発して私が謝罪するという繰り返し。それも夫の気分しだいだから何が地雷になるかわからない。その恐怖と混乱で心理的に縛られていくんです」

あるときはタオルのかけ方であり、新聞の置き方であり、蛇口の閉め方だった。材料は何でもいい。目的は改めさせることではなく、妻を責めることで優位に立ち支配することだからだ。事実、自分が不機嫌さをあらわにするだけで妻はすくみあがり「今度は何がいけなかったんだろう」と自ら自分の非を探しはじめる。そうやって徐々に「自分が悪い、自分が至らないのだ」という罪悪感を植えつけていく。労少なくして効果はバツグン。相手の恐怖感と罪悪感を利用してコントロールしていく。狡猾で、とても卑しいやり方だ。

そもそも、世の中の妻にとって夫の不機嫌ほどうっとうしいものはない。なぜなら、夫の不機嫌を直すのは「妻」である自分の仕事になるからだ。なぜだかわからないがそうなっている。「ほらほら、おれは機嫌が悪いんだぞ、ほら、早くおまえ直せよ」という無言の催促をその全身から夫は発信する。放っとけばさらに不機嫌になりそのぶん自分の手間が増える。だから妻は夫の不機嫌をいち早く察知し、あの手この手で直してやるのである。ところがその姿が世間に「よくできた女房、妻の鑑《かがみ》だ」と賞賛されてしまう。こうして妻は良妻という見えない「型」にはめられてしまうのだ。

モラル・ハラスメントという精神的DVもまたこの「型」を使って行われる。ただし妻たちがせっせと夫の機嫌をとるのは夫の不機嫌がうっとうしいからではない。夫の不機嫌が怖いからだ。

「夫は『こうしろ』とは言わない。でもそうしないと不機嫌になる。そうやって夫の上機嫌と不機嫌がそのまま我が家のルールブックになっていくんです」

どこの家庭でもあるていどはそうかもしれない。でもモラハラの家庭はそのレベルがケタ違いだ。早智子さんの場合とくに神経をすり減らしたのは毎日の食事で、家族団らんの場であるはずの食卓は早智子さんの戦場となった。まず夕食は夫が帰宅する6時半には食べられる状態になっていなければ「不機嫌」。そのため5時の終業チャイムが鳴ると同時に靴を半分突っかけて大急ぎで職場を後にし、5時をまわっても仕事が片付かないときはペンを握る手が震えた。もちろん魚は焼きたて、味噌汁もできたての熱々を夫が席につくタイミングで出さなければ「不機嫌」。ただしどんな「掟」もけっきょくは妻を責めるための材料であり、掟を守っていれば安全というわけではなかった。

「わざとこないの。食事ができたと声をかけても無視してソファで新聞を読んでいる。その間に魚も味噌汁もどんどん冷めていく。で、やっと食卓に座ると熱さを確かめるように魚の上に手をかざす。で、おれにこんな冷めたものを食わせる気か！って」

妻にとって戦場である食卓は、夫にとっては自分が主役の舞台になる。とくに毎朝の食卓の光景はまるでサスペンスドラマそのものだった。

「夫は美食家で朝食をとても重視していた。だから前の晩から仕込み、ホテルの朝食バイキングみたいにテーブルに乗りきらないほどおかずのお皿を並べるんです」

そこに2階から降りてきた夫が現れる。食卓を一瞥《いちべつ》してそのまま着席すればセーフ。立ったままおかずを睨みはじめたらアウト。そのあたりから早智子さんの心臓が早鐘を打ってくる。

「身じろぎもせずテーブルのお皿を睨みつけている。何分間もただじーっと。で、もうだめだって私の気が遠くなりかけたころに、いきなり戸棚からカップラーメンを取り出す。乱暴にお湯を注いで無言で食べはじめるわけです」

食べ終えて「おれに何でメシを食えというんだ！」と怒鳴る。不思議なことにこの「当てつけのカップラーメン」は、多くのモラ夫が愛用する小道具なのだという。「夫にカップラーメンを食べさせるなんて私は最低の妻だ」と罪悪感をより深めてほしいのだろうか。どうでもいいが、面倒なのはそこからまた例の「無視の日々」が始まることだ。それは3日で終わることも、数週間、数ヶ月続くこともある。

「無視が始まると私が作った食事にも手をつけない。自分でスーパーの惣菜を買ってきて食卓の隅で食べている。で、1ヶ月ぐらい続くと自分でもその状態に耐えられなくなる。そうすると私から喧嘩を売ってあげるんです。ぱんぱんに膨らんだ風船に針で穴をあけてあげる。で、ぱーんと爆発して、おまえはあのときこう言った、ああした、どういうつもりなんだあって、どーんと出てくるの」

そこで妻が平謝りして「よろしい」となり、自分の怒りをようやくおさめることができる。なぜ妻は平謝りするのか。不機嫌で無言の夫の存在が耐えられないほどの苦痛だからだ。だから夫の機嫌が良くなることなら何でもした。早智子さんの場合、それは夫が演じたがる「外の顔」に徹底してつきあうことだった。

「子煩悩な父親であり、愛妻家で恐妻家。夫はすごく世間からそう見られたがった。職場の人たちと飲みに行けばわざわざ彼らの前から私に電話してきて『飲みに行くことになっちゃってごめんな』と平謝りする。保育園や学校の行事にはフル参加して力仕事を手伝う。そこで私が夫に『あなたこれやってよね！』と強い口調で命令したりするとその日は一日機嫌がいい。だから次もまたそうする。まわりからは夫を尻にしく気の強い女房だと見られていたらしいです」

おれは親父のようにはならない――自分に言い聞かすように繰り返した夫にとって「子煩悩で愛妻家」は自分が求めた理想の父親であり、そうありたいという自分の理想像だったのかもしれない。でも彼にとってそれは演じることでしか味わうことのできない自分なのだ。だから観客が多い舞台ほど張り切った。

「パーティに出席すると私はただ座っていればよかった。飲み物も食べ物もせっせと運んでくれるし、帰るときはコートまで着せてくれる。そこまでやります。しかも顔立ちも物腰もやわらかい夫がやるわけで、よその奥さんたちはうらやましがりますよね」

その同じ夫が、一歩家に入ると悪魔の顔に変わる。とくに自分が苦しんでいるとき、痛みに耐えているときの夫の笑顔を早智子さんは今でも忘れないという。

「椅子に乗って部屋の中に洗濯物を干していたとき、バランスを崩してテーブルの角に思いきり肩をぶつけて床に転がった。痛さに声もでなくてうずくまっていたら、同じ部屋でテレビを見ていた夫が私を一瞥して、テレビに目を戻してケタケタと笑ったんです。でも我が家ではよくある日常の光景だった」

妻が欲しいのは完璧なエスコートなどではない、自分が弱ったり痛んだりしたときの夫の温かさだ。しかし早智子さんの場合、その一番欲しかったものを夫から与えられたときほど、必ず手痛いしっぺ返しがまっていた。

「妊娠してつわりに苦しんでいると同情はしてくれる。でも気持ち悪くてごはんが作れないと怒鳴りちらす。病気になったときもそれなりに心配はしてくれた。でも家事の手抜きは許さない。休日に家事をしていると『疲れたろ、少し休めよ』と言ってくれる。でも休むと次第に機嫌が悪くなる。『実家に帰ってるのか、たまには帰ってこいよ』と言うから帰ると機嫌が悪い。つまりたんなるリップサービスなんだなと。いい夫は演《や》りたい、でもそれを真に受けたらとんでもないしっぺ返しがくるんです」

しかし夫にとっての真実は恐ろしく違う。「おれは言ってやったのにおまえがそうしなかった」のだ。夫の中では「いい夫であるオレ」という物語ができあがっている。心の安全と平和を望むには、妻はそこに合わせるしかない。

「たとえば近所の人と立ち話している夫が『たまには実家に帰ってこいよと言ってるんですがね』と私を見て微笑む。そこですかさず『でも時間ないし』と私が微笑む。この答え方は満点だったようで、すこぶる機嫌が良かったですね」

あるいは夫の微笑は「ほら、こうして外ではおまえを立ててやってるだろ？」という施しの微笑だったのかもしれない。しかし妻の微笑は違う。自分が傷つけられないための仮面であり防御なのである。

不思議なのは早智子さんが20年もの間、離婚に向けて動かなかったことだ。夫と同等の経済力があり、家事と仕事を両立させる能力もある。折半と決めた生活費は実際には早智子さんのほうが多く負担していて、夫は皿ひとつ洗わない。そのくせやたらと食費がかかる夫ならば、離婚したほうがあらゆる意味で楽だったはずだからだ。

「この人とは一緒に暮らしていけないかもしれないと最初に思ったのは結婚直後ですよね。だから離婚本はつねに手元にありました。ハウツー本からノンフィクションまで熟読しながら、いつか離婚してやるって、それを生きがいにして生きていた（笑）。でも一方では私の中に離婚することのマイナスイメージが強くあった。都会にくらべてまだ母子家庭に対する風当たりは強いし、職場も固いところなので居づらいだろうなと」

子どもが生まれたら変わってくれるんじゃないか、年をとれば良くなるんじゃないか、私が頑張って怒らせないようにすれば……そう思って頑張ってきた。頑張れたのはそう思わせるような「希望の光」を夫がちらつかせていたせいもある。

「疲れてうたたねしていると毛布をかけてくれる。誕生日にバラの花束を買ってきてくれる。ごくたまになんだけど、つねに極寒の地にいるからちょっとでも日が差すとそのぬくもりがすごく嬉しい。この人も悪い人じゃないって」

事実、365日ずっと不機嫌で陰湿なわけではなかった。「不機嫌→無視→爆発」にかかる期間は、延べにすると1年のうちの2ヶ月だという。あとの期間は夫のルールを守っていればごく普通に生活ができる。さらに機嫌が良いときは食事のしたくが遅れてもおとなしく待ち、魚がさめたら自分でチンする。もっと調子がよければ「保護者会に代わりに行ってくれない?」と頼めば「わかった」と行ってくれることもある。ただしいつ何がきっかけでスイッチが切り替わるかわからない。実はそれが一番きついのだという。

「爆発してしまったらもう手出しはできない。不機嫌と無視が続く空気は耐え難いけど、静かに嵐がおさまるのを待つしかない。ある意味で楽なんです。でも一見平穏に生活していても、いつ爆発するか、次は何が地雷になるのか、そのぴーんと神経を張り詰めている時間が一番つらいんですね」

自分が感じているそのつらさがモラル・ハラスメントという精神的DVによるものだとは夢にも思わなかった。それ以前に自分が不幸であることも知らなかったという。

「苦しいんだけど不幸だとは思わなかった。友達に相談しても『うちだってそうよ』と言われてしまう。だからこれがふつうの家庭なんだと。借金や浮気をして家族を困らせる夫にくらべたら自分はずっとましなのかもしれないと思っていたんです」

不機嫌になると黙る。無視する。食事にうるさい。言葉にするとひとつひとつはたいしたことではない。まして魚が冷めるまで夫が席につかないと訴えても、それが精神的な暴力だとは誰も言ってくれない。何より精神的DVだと言われたとしても、自分自身が納得しなかったと早智子さんは振り返る。

「DVという言葉は知っていたし、そこには精神的なものも含まれることも知っていた。それでも自分がされていることが精神的DVだと気づけなかった。それがモラル・ハラスメントという言葉を知った瞬間に呪文が解けた。自分は夫から精神的DVを受けていたんだと初めて知ったんです」

世の中に偶然はない、と早智子さんは確信している。モラル・ハラスメントという言葉を知った4年前のその年、すべての出来事は「そこ」に向かって流れていたからだ。

「その年の2月に夫の父親が事故にあい、病院にかけつけたときにはすでに危険な状態だと医師から告げられた。そのときの義母の第一声が『畳、取り替えなきゃね』だったんです。その数年前に義父が倒れたときも、部屋の北側を指して『頭はあっちよね』と言ったの。義母は義父とは正反対で、優しくて思いやりがあって出しゃばらないけれど必要なときにはいてくれる、絵に描いたような日本の母なの。でも間違いなく義父の死を誰よりも強く願っていた。70を越えた女にとって自由への解放は夫の死しかなかったんだと思う」

「おれは親父のようにはならない」と夫に言わしめた義父。生涯妻を支配し、3人の息子にモラル・ハラスメントという毒を受け継がせた義父。しかしその舅の死が、早智子さんの再生への扉を開くことになる。

「2ヶ月後に義父が亡くなり、すべての儀式が終わるまでの2週間は弔問客の送迎から葬儀社との交渉まで雑用がどっと私にきて不眠不休の日々だったんです」

一方の夫は、結婚して初めて見る大ご機嫌。満面の笑みで親戚に挨拶してまわり「大丈夫か、疲れないか？」と早智子さんを気遣った。ところがすべてが一段落した翌日、またしても口をきかなくなったのである。

「今度は何だろう、何が悪かったんだろうって。葬式のときに気づかずに何かミスしたのかとか、口うるさい親戚から何か言われたのかとか。あらゆることを思い巡らして3日がたったときに、背中から例の夫の罵声がかかったんです」

『おまえ、何とも思わないのか！』

きた、と身構える。

『おまえ、半年前にオレに内緒でミニコンポを買っただろ!!』

ハ？　何だそりゃ？

早智子さんの中で何かが「ぶちぶちぶちっ」と切れた。

たしかに買った。でも自分のお給料でだ。たしかに言わなかった。ドケチな夫に相談すれば邪魔されるに決まっていたからだ。それより何より私はこの2ヶ月、あんたの父親の看病と葬儀でぐたぐたに疲れているのだ。「ご苦労さん、ありがとな」とでも言うのが筋だろう。それが半年も前の買い物を持ち出してきて口きかないって……何だそりゃ？

え？　何だそりゃ！　うりゃ！……というような心の内だったろう。

「この男はいったい何なんだろう。そう思った瞬間、私の頭の中でプツンと糸が切れた。で、その日から私も口をきかなくなった。上等だ、あんたが無視するなら私も無視してやる。いつまでもどこまでもやってやる～って」

結婚して20年、初めて自分の不機嫌さをあらわにしドアを乱暴に閉めてやった。

「そしたら相手が引いたの。で、ケーキ買ってきて一緒に食べよって」

もちろんそれも無視。そこから「無視には無視を」の生活が始まり数ヶ月続いた。そしてある週末の昼さがり、パソコン検索していた早智子さんは運命の言葉に出会うのである。

ある人生相談サイトの掲示板のひとつの書き込みだった。「妻を大事にしなかったら若い男に走ってしまった。どうしたらいいんだろう」という夫からの相談に「あなたが妻にしていたことはモラル・ハラスメントではないですか？」という問いかけがあった。

モラル・ハラスメント？　検索エンジンにその10文字を打つ。現れたのはまさに19年の結婚生活の中で自分が苦しみぬいてきた「何か」への答だった。そこからは早かった。坂を転がるようにすべてが走り出したのだ。

「その2週間後に夫が自分から家を出ていったんです」

もはや自分の機嫌を直そうとしなくなった妻に耐えられなくなった夫が「洗面所のコップの位置を変えたろ！」と爆発。口答えした妻の胸倉をつかんで揺さぶる夫に長男が飛びつく。その腕をふりほどき2階にかけあがった夫は早智子さんのパソコンを叩き壊そうとした。奇しくも、早智子さんに夫の正体を知らせたパソコンだ。「パパ、やめなよ！」という長男の声で我に返った夫は、そのまま遁走《とんそう》するように同じ市内にある実家に出て行ったのである。もちろん夫にしてみれば、妻が手をついて帰ってきてくれと謝罪に来るはずだった。しかしそのときすでに妻の目は「明るい未来」に向けられていたのである。

「家から夫がいなくなった。それは自分でも驚くほどの安堵感だった。その夜、久々にモラハラを知ったあの人生相談のサイトへつないでみたんです」

掲示板の書き込みの中に「自分」がいた。

「夫は意地が悪い」

「暴力はふるわないけど嫌がらせをし、不機嫌を家中にふりまく」

「機嫌がいいと思ったら、突然なんの脈絡もなく怒鳴りだす」

「怒鳴った後は何週間も口をきかない」

矢も盾もたまらず早智子さんは「あなたがされているのはモラル・ハラスメントかもしれません」と書き添えてDVやモラハラに詳しい『こころのサポートセンター・ウィズ』というメンタルヘルスサイトへとリンクを貼った。数日後、その女性からの返信がきた。

「そのままです。私がされていたのはモラル・ハラスメントでした！」

気づいてくれた、それが自分のことのように嬉しかった。その後、同じようなやりとりを何人かとかわした後、早智子さんは『モラル・ハラスメント被害者同盟』というサイトを立ち上げる。離婚調停の申し立てとほぼ同時だった。

「自分を苦しめてきたものが何かをまず知ってほしい。でも知った後にどう自分を守ればいいのか。そのための情報交換と励ましあいの場を作りたかった。そうしたら初日からびっくりするほど反応がきたんです」

私も、うちも、という妻たちの反響と書き込みは4年を過ぎた現在も増え続けている。

このサイトでモラル・ハラスメントという言葉を知り、「同志」からの助言や励ましを受けながら離婚にふみきった妻は、早智子さんの知るだけで相当数いるという。

彼女たちは自らを「被害者」と位置づけ、離婚に向けた別居を「脱出」と呼ぶ。それはモラハラ離婚をした妻たちの実感だからだ。こうした言葉を過剰だと感じて眉をひそめる夫は多いはずだと思う。でも、そうであればなおのこと彼女たちの言葉に注意深く耳を傾けたほうがいい。

「書き込みが増え、結果的に私のサイトはモラ夫のサンプル集になったわけですが、生まれ育ちも年代も職業も違うのにモラ夫たちの言動は呆れるほど一致していた。同じ言葉を吐き、同じ態度で家族に接し、同じように外ヅラがいい。そしてなぜか彼らはみな『自分はいい夫だ』と信じ込んでいるんです」

「あなたはライオンと檻の中にいるんですよ」

「夫のモラ度をはかるチェックリストって知ってます？　あれはかなりよくできています。もちろんうちの元夫はモラ度100パーセントでした。でも本人が見たら『へえ、ひどいやつがおるんやな』で終わってしまうと思う。自分はいい夫だと思い込んでいる。無自覚にごく自然にひどいことができる。だからわかりにくい、混乱するんです」

猪瀬洋子さん（41歳）はモラ夫のタチの悪さをそう語る。無自覚にひどいことができて「自分はいい夫だ」という自覚だけはある。最高にタチが悪い。一方、その妻たちはなぜか「何に対しても誠実で、人の役に立てるのが好きで、ひたむきに頑張る」タイプの女性が多い。パワーも社交性も才覚もある。洋子さんもそんな女性のひとりだった。

31歳で結婚、8年後に2人の子どもを連れて夫から「脱出」、1年2ヶ月かけて離婚を果たした。それはまさに命からがらの離婚だった。

「結婚生活の最後のほうは私もかなりおかしくなっていて。動悸、息切れ、痺れといった体の症状が出ていたし、ストレスと夫に対する恐怖で幻覚のようなものまで見るようになっていた。寝ていると天井に黒い大きな蜘蛛が現れて私の顔にとびかかってくる。悲鳴をあげて飛び起きるといないんですね。異常な環境にいると異常になっていく。ほんとにもうあとちょっとで自分が崩壊するところでした」

夫に内緒でアパートを借り、夫のいない間に引っ越しの整理や手続きをし、夫に気づかれないように少しずつ荷物を「新居」に移した。そして決行の日、2人の子どもの手をひいて黙って夫の家を出た。モラハラ離婚をする妻たちの間でそれは「脱出」と呼ばれる解放と再生への大きな一歩だ。

「離婚が成立してから今の主人と出会えて再婚して。今はあの頃が嘘のように幸せですよね。でも、あのときモラル・ハラスメントという言葉に出会ってなかったら、今でも離婚できていたかどうか。まだあの家でぼろぼろにされながら頑張っていたかもしれない」

一冊の本が、ひとつの言葉が、人生を変えることはある。しかしモラル・ハラスメントの場合はその因果関係がはっきりしている。直線的で速い。それは「この言葉を知らなかったら今でも人生は変わらなかった」という妻たちの確信なのである。

上場企業である不動産会社のトップセールスマン。大声で笑い、ヒールをカツカツ鳴らして颯爽《さっそう》と歩く。それが結婚前の洋子さんだった。誠実さと気配り、大胆な営業手腕。大企業や銀行といった上顧客からの信頼も厚く、上司から期待され女性社員からは慕われる存在だった。そこに新入社員として配属され、洋子さんの営業補佐としてついたのが4歳年下の夫だった。

「後輩としての彼はいい奴でしたね。次はこの書類が必要になるなと思っていると自分で作ってすっと持ってくる。若いのに気がきく、そういう意味では優秀でした。ただ当時から彼のナルシストぶりはちょっと気になってはいたんです」

営業先で商談していると、隣に座る彼の目線がどうにもおかしい。見ると、商談相手の後ろの姿見に映る自分をちらちら見ていた、ということもあった。しかし2年後「尊敬から愛に変わった」と交際を申し込まれ、わずか半年で結婚した。仕事は大好きだったが、それ以上に「幸せな家庭」は洋子さんの夢だったからだ。

「私の母親がかなりひどい人で、今思うとそれこそモラ母なんです。小さい頃から母親の気に入る子でいないと家に置いてあげないよという脅しをかけてくる。たとえば泣いたり駄々をこねたりと、子どもらしくしたら許されない。ぼーっとしていると怒られて本を読まされる。だから人の顔色や機嫌を見る習慣がついている。たぶん営業がうまかったのもそのせいなんです（笑）」

結婚式は大泣きした。夫の両親も姉も家族として温かく迎えてくれ、親戚一同も「家族だと思ってね」と優しく接してくれた。結婚してからも離婚するまでそれは変わらなかった。変わったのは夫の態度だけだ。

「初めて夫に疑問を持ったのが長男の妊娠がわかった日で、すでに流産しかかっていて絶対安静を言い渡された。で、そのまま帰宅して夫にそれを伝えたら信じられない言葉が返ってきたんです」

『じゃあ明日の旅行はどうなるんだ』

たしかに翌日から夫の友人夫婦たちと旅行に行く予定だった。たしかに夫は自分の車を出し運転まで引き受けていた。でも2人の子どもの命がかかっているのだ。

『嫁さん流産しかかってて絶対安静だから、おれだけ行くわ』

夫が友人に電話でそう話すのを聞きながら「この人と一生添い遂げられるのだろうか」と初めて「夫という人」に不安を持った。友人の配慮で旅行そのものがキャンセルになったが、電話を切ったそのときから夫は徐々にその本領を発揮していく。切迫流産で会社を退職した妻を、夫はいよいよ「支配」にかかったのである。

まず洋子さんの外出を制限し、義父の車が不調だからと洋子さんから車を取りあげた。しかも週末の食料品の買い出しにつきあうことは嫌がり、身重の洋子さんは出産するまで歩いて15分かかるスーパーまで毎日往復した。しかしそれはほんの序章にすぎなかったのである。

「夫は自分から立ち会い出産を希望し父親学級にも4回フルで参加した。出産後は毎日病室に顔を出して息子を抱いていた。同室のお母さんたちからも子煩悩のいいパパねと言われるほどメロメロでした。赤ん坊に向けられる夫の笑顔が私にはすごく誇らしかったし嬉しかった。でも、そのときを境にその笑顔が私に向けられることはなくなったんです」

子どもにはこぼれるような笑顔を見せるが、妻には片頬ひとつ動かさない。子どもに向ける満面の笑みは妻をふりかえる瞬間にかき消えた。それを徹底してやり続けることができるのがモラ夫の暗い資質だ。やり方は幼稚だがボディブローのようにじわじわと深くまで効いていくからだ。

子どもを可愛がる一方で、夫は仕事の忙しさとストレスを理由にほとんど家庭を顧みなくなった。毎日深夜に帰宅し休日は家にいても無言でゲームやテレビの画面を不機嫌そうに睨み続けている。洋子さんが話しかけても笑顔どころか顔さえ見ないようになった。そうして当てつけのように子どもには満面の笑顔とスキンシップを与えるのだ。それでも洋子さんはまだ、それが「夫の悪意」だとは思わなかったという。

「もともと自尊心が低いというか、母から自尊心を持たないように育てられてるので、ひどいことされてもひどいと受け止めないところがある。現実には慣れない育児でてんてこ舞いだったし、夫もきっと仕事で大変な時期なんだろうと。お互いに今の時期を乗り越えたら夫婦の時間も夫の笑顔も戻ってくるだろうと信じていた。信じたかったんでしょうね」

悪意であってもなくても足を踏まれれば痛い。その痛みをこらえて笑顔で頑張り続ける。よくも悪くもそれが洋子さんだった。夫にすれば、叩きつけても放り投げても壊れない最高のおもちゃを手に入れたようなものだ。ただし彼にその自覚はなかった。彼はただ父親が母親にしていたようにしただけだからだ。

赤ん坊の成長よりも早く、夫のいじめはエスカレートしていった。

「避けられているというより毛嫌いされている感じになって。会話もスキンシップも極端に避ける。セックスはもちろん家の中ですれ違うときは体を壁にくっつけて私に触れないようにする。私は甘えたいほうなのでそれはつらかった。なんで夫婦なのに避けるのか、子どもに向ける笑顔やスキンシップを私にも分けてほしいと訴えました」

幼い子どもが母親の愛を一心に求めるような訴えに胸がつまる。マシンガンを構える夫の前に、洋子さんはつねに丸腰で立ち向かってしまう。

『おれは釣った魚には餌はやらない主義なんですよ』

と勝ち誇ったように夫は言い、

『どこに子どもが生まれてもベタベタする夫婦がいるねん』

『アホちゃうか！』

『変態！　色情狂！』

とボロボロに撃ち込まれる。あるいはたまに夫から口を開いたかと思うと徹底的に否定され貶められた。

『おまえほんまにアホやな』

『頭悪いのお』

『オマエはなんにもわかってない』

嘲るように笑い、さも残念そうにため息をついた。

『仕事をやめて家庭に入るとここまで堕ちるかねえ』と何度も肩をすくめた。

かと思えば突然、会社であったおもしろい話を上機嫌で話しだすこともある。しかし相槌をうって聞いている洋子さんに、最後に必ずこう釘を刺した。

『もうおまえの時代は終わったからな』

『おまえなんてもう社会で通用しないから』

「私が傷ついて泣いたりすると、おまえは冗談も通じない可愛くない女だと言われる。そうやって言葉と態度で『おまえにはもう飯炊き女の価値しかない』という狭いコーナーに追いやっていくんです」

元上司でトップセールスだった妻に対する男としてのコンプレックスともとれる。しかし実際にはそんな可愛らしいものではなかったようだ。彼は徹底して妻に「序列教育」を叩き込もうとしたのである。

「夫は子どもたちには異常に甘やかして何をやっても叱らない。逆に私が子どもを叱ると『なんでおまえが子どもにそんなこと言うねん！』と怒鳴られた。殴られたこともあった。それは彼の中にはっきりある家族の序列なんです。父親が一番偉くて、次が子ども、母親は一番下なんです」

ある意味、夫はそれを結婚前から宣言していた。初めて夫の実家に挨拶に行った日、義母のおどおどした様子が気になった。その帰り道に夫が言った「うちでは母親は犬より下なんだ」という言葉にも驚いたが、もちろん冗談だろうと聞き流した。しかし嘘でも冗談でもなかった。地元で名士として通っている義父、嫁にも孫にも最後まで優しかった義父は、自分の妻に対しては底意地が悪く冷酷な支配者だった。その父親と母親を見て育ったのが夫なのである。結婚して家族に「子ども」が加わった瞬間、父親としての自覚とともに細胞のひとつひとつに刻みこまれた序列意識がむくむくと目覚めたのだろう。

「夫は自分が不機嫌なときはそれを振りまいていいという環境で育っている。義父はモラハラの典型のような夫で、妻を子どもより飼い犬より下に置いて虐げてきた。とうぜん子どもたちも母親を馬鹿にしている。でも義母はそんな夫に耐えながら子どもたちを立派に育てたというのが自慢の人だったんです」

夫は団塊ジュニアの世代だ。父親不在の家庭、母親は息子を溺愛し甘やかしてつねに転ばぬ先の杖になってきた。そうして父親に負けない立派なモラ夫に育てたのである。その義母は嫁である洋子さんに「子育ての心得」をこう伝授したという。

『子どもは外で嫌なことがあったら母親に当たり散らす。それをさせてあげないと発散するところがなくなって校内暴力とかいろんな問題を起こすようになる。だから母親は子どもが外で溜め込んできたストレスを受け入れて全部許してあげなあかんよ』と。

今思うとそれは「正しいモラの育て方」だったと洋子さんは苦笑する。そっくりそのまま、夫の言い分だったからだ。

「おれは外でこんなに嫌なことがあったんだからおまえに当たり散らす正当性があると。それを押しつけてきたのが夫で、受け入れてきたのが私だった。事実、脱出するまでの8年間は夫が外で受けてきたストレスの一切を必死で受け止めていました」

外で嫌なことがあったとき、ストレスがたまっているとき、家に帰って家族に当たってしまうことは誰にもある。家族だからできる甘えでありお互いさまであれば問題はないのだろう。しかしモラ夫たちはまったく違う。不機嫌のための不機嫌であり、妻を自分のサンドバッグにして何の呵責《かしゃく》も感じないのだ。なぜか？「お母ちゃんはそうさせてくれた」からだ。

「義母は気づいていました。あの子がこうなったのは自分のせいだと謝ってもくれた。でもそれでもお父さんよりはマシだと、ほんとうはあの子は優しい子なんだって。母親だから息子のことは信じたいんですよね」

父親よりマシ。優しい子。しかしたしかに、義母にそう思わせる側面を夫は持っていた。

柔道の有段者である夫は、近所の子どもたちを集めて無償で柔道を教えていた。自分の子どもたちのことも可愛がり、結婚記念日には必ず式をあげたホテルのレストランを予約して妻を連れて行った。客がくれば「頑張ってくれて、自慢の嫁ですわ」と褒め、職場や接待の席でも「うちの嫁さんの料理が一番うまい」と自慢していたらしい。それは外と内の顔を使い分けるというよりも、どちらも夫の顔だったのだ。

「だから混乱するんですね。友達やママ仲間に相談しても理解はされなかったですね。ひどいよね、とは言ってくれてもみんな負けずに夫の悪口を言ってくる。風俗行ったとか借金したとか女作ったとか。そうすると黙るしかない。まだうちはマシなほうかもしれないなって」

事実、洋子さんの結婚生活は「夫以外」は完璧だった。同じ敷地に住む夫の両親は洋子さんに優しく、2人の孫をこよなく愛してくれた。近所のママ友達たちは、どんなことでも相談できるかけがえのない友人になっていた。そんな環境のなかで育児に追い詰められることもなく子どもたちもすくすくと育っている。夫から目をそむければ「幸せだな」と思う瞬間はいくつもあったという。

「それなのにこの枯渇感は何なんだろうといつも思っていた。砂のお城みたいに積み上げても積み上げても見えないところからさらさらと崩れていくような。それでもめげずに頑張って積み上げるんだけど、全然積み重なっていかない。その焦りと苦しさは結婚生活の間ずっとありました」

焦りと苦しさを感じていたのは「誰」なのか。

子どもという命を守る。家庭という生活を守る。それは母親になった妻の本能だ。家族の生存と生活の維持、まずそこを崩さないことを最優先に考える。そうしてそこに支障がない問題は「たいしたことではない」と自分に言い聞かせて言葉を飲み込んでいく。多くの妻がそうであるように、洋子さんもまた自分の感情が訴えかけてくるものを無視した。

でもその感情こそ妻でも母でもない「自分の声」なのだ。

「そのうちにだんだん生活の中で脱力感と虚無感を感じるようになってきて。それでも希望を捨てられなかったのは、離婚はしたくなかったからですよね。母子家庭になるということがどんなことか想像できたし、優しい義父母や近所のネットワークや子どもの環境や友達関係……そのすべてを失うことだったから」

しかし「現実」はそんな洋子さんを離婚へと追い立てるかのように「ありえないこと」ばかり起こしてくる。

まず夫が洋子さんに「禁止令」を出した。外食は禁止、携帯の所持も禁止、洋子さんの身内や友達と会うことも禁止、許可なく夫の体に触れることも禁止、そして夫に話しかける時間は極端に制限された。第三者が聞いたらジョークとしかとらない馬鹿げたルールを、洋子さんは遵守している。守らなければ自分が傷つけられるという「恐怖」、そして守れば夫にまた笑顔が戻ってくれるかもしれないという「期待」がそれをさせてしまうのだろう。

その後、夫の度重なる浮気が発覚し、その間に2度の流産という不幸が追い討ちをかけた。その間も暴言と無視が止むことはなく、とうとう身体に症状が出たのである。

「夫の帰宅時間が近づいてくると動悸と息切れがして体が震えてくる。帰宅した夫の側に座っていると夫がいる側だけがビリビリ痺れてくる。最後は声をかけられると飛び上がるようになってしまったんです」

体の症状はあきらかに「私は夫が怖い」という洋子さんの叫びを代弁している。しかし洋子さんはそこまできてもまだそのことに気づけなかった。8年もの間、自分ではない人間の快・不快を基準に生きてきたら、傷つけられることの恐怖でコントロールされてきたら、誰だってそうなるのだろう。それを解くには「絶対的に知る」ための鍵が必要だったのだ。

自分にしか確信できないことがある。知識として知るのでもなく理屈でわかるのでもなく、一瞬にして何かを知る。人生の扉が開く瞬間だ。天気にたとえるならそれは快晴ではなく曇天のもとで起こりやすい現象のように思う。洋子さんの「そのとき」もそうだった。

「その日は朝からひどい抑うつ状態で、パソコンの前に座ったまま動けなかった。で、何とはなしに開いた働く女性の情報サイトでモラル・ハラスメントという言葉が目に入ってきた。何だろうって、検索をかけてヒットしたのが『モラル・ハラスメント被害者同盟』だったんです」

前出の熊谷早智子さんが立ち上げたばかりのサイトだった。トップページにはあの「焼きあがった魚が冷めるまでテーブルについてくれない夫」のエピソードが書かれていた。

「何これ……って。もう読み始めたとたんに涙があふれ出してきて止まらなくなって。泣きっぱなしで読み終わって、それでも涙が止まらなくて3時間も泣き続けていた」

必死の笑顔で頑張ってきた自分の崩壊だった。自分を抑制していた壁がものすごい勢いで崩れ落ちた。震える手がタウンページを摑み、真っ白な頭が「心の相談室」の番号を探し当てていた。

『どうしました?』

男性相談員からの問いかけに、自分の口から出てきた言葉に驚いた。

『私は……ダンナが怖いんです。ダンナが怖い。ダンナが怖いんです……』

「ああ、私はダンナのことが怖かったんだと。自分の口から出た言葉で初めて自分の気持ちを知った瞬間だった」

泣きながら夫の言動を話した洋子さんに、男性相談員は決然とした口調でこう忠告した。

『すぐに家を出なさい。あなたはライオンと檻《おり》の中にいるようなものなんですよ』

洋子さんにとってそれは死に至る病の告知にも等しかった。夫の症状は治らない、少なくとも被害者のあなたには治せない、と言われたからである。

「モラル・ハラスメントという言葉で自分が崩壊しそうになった。何がショックって、どこを読んでもこの症状は治らないと書いてある。じゃあ今まで私は何をやってきたのか。歯を食いしばって頑張ってきたのは継続のための努力だったわけで、それがすべて無駄な努力だった。どんなに頑張っても夫と心を通じ合わせることはできないんだって。そう思ったとたんに自分が崩壊しそうになったんです」

事務職から入った不動産会社でトップセールスまでのぼりつめた。どんなに困難でも歯を食いしばって努力し続けることで必ず結果となって返ってきた。その自信と信念が夫に向かう洋子さんの原動力だったのだろう。でも相手はライオンだったのだ。

ライオンにいたぶられ続けて自分を失っていた洋子さんの心を、相談員はさらなる言葉で揺さぶった。

『あなたが電話してきてくれてよかった。言えなくて心が引き裂かれて自分がしんどいことすらわからなくなって死んじゃう人もいる。心が廃人になって一生を送る人もいる。そうやって妻の心をズタズタにして平気な男がいる。離れるしかないんです』

『とにかく今の自分の症状を見なさい。どんなことをされたらそんな症状になるんですか。夫が帰ってくるのが震えるほど怖くて夫がいる側の体が痺れてくる、それはどういうことなのか。心の声に耳を傾けてごらんなさい』

『さっきから友達はこう言う、姑さんはこう言ったと……でもあなたはどうなんですか。あなたはどう思うんですか』

ずっと泣きながら聞いていた洋子さんの口からようやく出たのは「私は自分がどうかなんてわかりません……」というあまりに悲しい言葉だった。

「私は、という主観がなかった。ずっと夫のルールで生活してきた。自分というのは捨て続けて粉々になっていたから。私はこうしたい、私はこうしたくない、ということが言えなかった。完全に自分を失っていて自分を客観的に見る力をなくしていたんです」

大手企業にひとり乗り込んで堂々と渡り合っていた洋子さんがそんな姿になってしまう。そうさせたのは妻をいじめて支配することでしか自分を誇示できない小っちゃい男だ。それがモラル・ハラスメントなのである。

「脱出」の前夜、洋子さんはテレビを見る夫の背中を見ながら、敗北感と罪悪感とで押しつぶされそうになっていた。明日、突然にこの家族の歴史が終わってしまう。そのことを知っているのは自分だけだった。「何も思うな。何も感じるな」心の中でそう繰り返していると、テレビを見ていた夫が振り向いた。

『あの、なんだ。結婚記念日がもうすぐやからな。いつものフレンチ、明日予約しとくわ』

わっと涙があふれた。毎年かかさず結婚記念日を祝ってきた店だ。予約してキャンセルすることになれば夫が恥をかくことになる。なんとかして止めなければ……。

その数日前に夫が洋子さんの鼻に怪我を負わせたことを理由に「まだそんな気持ちになれないから……行けないよ」と、やっと言った。すると夫はテレビを見たままこうつぶやくのである。

『そうか。ほな妹と行って来いや。おれのピンチヒッターや』

『……なんで結婚記念日に妹と行くんよ』

『いや、おまえにはちゃんと年に一度はな、感謝したいからな』

本心だろうか。本心なのだとしたら、夫の中ではどの自分も本当でつじつまが合っていることになる。そこがぞっとするほど怖い。

好きだからいじめる。抑うつ状態になり幻覚に怯える妻の姿を目にしてもなお、自分としては愛妻家なのである。なぜなら妻はいくら甘えても依存しても許してくれる世界でたったひとりの味方なのだから。どこかでそう思い込んでしまっているのだ。

母親という女のせいなのか？

いやそれは男という種族の危ない夢なのだ。

井上陽水という天才は男たちのその危ない夢を自嘲気味に謳いあげる。

カブト虫　こわれた
一緒に楽しく遊んでいたのに
幸福に糸つけ
ひきずりまわしていてこわれた

「外ヅラいのち」のオレ様夫

「精神的に本当にきつかったですね。それでも14年も気づかなくて。それがモラル・ハラスメントという言葉を知って1ヶ月後には家を出ていた。すごいですよね、知るのと知らないとの差って。今でも不思議なんです、自分にこんな決断力と行動力があったなんて」

安田杏奈さん（37歳）。事務職をしながら11歳の息子と8歳の娘を育てている。金銭的にはきついが親子3人の今の生活は「天国」だと笑う。

ちょうど1年前に離婚した元夫を杏奈さんは今でも「ナル夫」と呼ぶ。演出好きで自分に酔いやすい、真性のナルシストだからだ。

「告白されたのも海でした。それも食事して私のアパートまで送ってきたのに、突然、今から海に行こうと言い出して、車で1時間もかかる浜辺に連れて行かれて告白されたんです。ロマンチスト？　まあ自分に酔うための演出にはまめですね。そう、アニバーサリー男でもあった。初めてデートした日とか、海で告白した日とか、自分でいろいろ記念日を作ってプレゼントをくれる。まあそれも結婚するまででしたか」

結婚してからのナル夫は「偉大なるオレ様」になった。やがて自称うつ病となり「おれはうつ病だ、おまえら家族はうつ病のおれに対する接し方を勉強しろ！」と力ある声で怒鳴った。かと思えば自己陶酔した遺書メールを家族に送りつけては止めさせる。止めないと電話がくる。それも無視すると睡眠薬を死なない程度に飲んでは実家の母親と救急車を出動させた。そんな夫に最後までふりまわされた杏奈さんが出した結論は2つある。

「ようするにこいつは逆コナンなんだと。見た目は大人、頭脳は子ども。精神年齢は3歳児とか5歳児と同等だと思う。しかも地球語が通じないモラ星人で、自分のことしか考えられないから常識というものが通じない。そうとは知らず14年間もつきあってしまった私も私ですが」

逆コナンもモラ星人も大げさではない。調停委員にして「やっとご主人が弁護士をつけてくれたので少しは話が進むようになりました」と言わしめたナル夫なのだ。

それでも離婚をするからにはその理由を夫に理解してほしい。つまり自分が妻にしていたことは精神的DVなのだと知ってほしい。しかし、それが通じるぐらいなら離婚はしなくてすんだのがモラハラ離婚なのである。

「本屋さんでモラル・ハラスメントについてわかりやすくまとめた薄い本を見つけたんです。これを使わない手はないと思い、調停委員を介してナル夫に渡してもらいました。ええ、もちろんすぐにメールがきましたとも」

〈こんな本に洗脳されるな。おれとの12年間を信じろ〉
この、誰にもどうすることもできない自信。これこそが杏奈さんが14年間も気づけなかったゆえんなのである。

2歳年上のナル夫とは同期入社だった。2年間の同棲生活を経て24歳のときに結婚、寿退社した杏奈さんは専業主婦になった。しかしナル夫は多くのモラ夫とは違い、結婚を機に豹変したわけではない。同棲したときからそのモラ気質＝オレ様度は全開だったからである。

「もう王様みたいな感じで。同棲中は養ってもらっていたわけでもないのに、家事は当然のように私で自分では何もやらない。私が気に入らないことをすると不機嫌になって私が謝るまで責めたてる。もちろんおかしいとは思いました。でも『なら別れる』と言われると私が悪いのかもしれないと思って謝ってしまう。謝れば、わかればいいんだよ、みたいな感じで機嫌が直ったので」

（おれの言うことが聞けないなら）「別れるぞ」「離婚するぞ」はモラ夫たちの多くが愛用する脅し文句だ。つまり「おれは絶対に折れないからおまえが折れるしかないんだぞ」と言っているのだ。だから別れるつもりがない限り妻は謝るという形をとるしかないのである。

「結婚してからは月に1度の周期で切れていた。まず不機嫌になって、ドアを乱暴に閉めたり、すごい冷たい目で腕組みしてテレビをじっと睨みつけている。そうやって2、3日無視が続いた後に『なんでおれが機嫌が悪いのかわかってるんだろうな』みたいなことを言われる。身に覚えがないし下手なことを言うと『おまえは全然わかってない！』とよけいに切れる。だから下向いてシュンとしてるしかないんです」

そこで初めて説教が始まり、杏奈さんが平謝りして「よろしい」となって解放される。しかしそこまでに数時間、たいていは深夜まで説教が続くのだ。なぜそんな理不尽さを受け入れてきたのか。その嵐さえやり過ごせば、残りの27日間はとりあえず「ふつうの生活」ができたからだ。

「ふつうでしたね。私も冗談を言うし、一緒に子どもの話をしたりテレビを見ておもしろいねって。ベタベタするわけでも大切にされるわけでもないけれど、ふつうには生活できる。リラックス？　いやそれは全くできないですね。ふつうの状態をキープするためには、ナル夫の決めた細かいルールを厳守していなければならないので」

ナル夫が決めた生活の基本ルール。それは、とても対等な人間関係に持ち込めるようなしろものではない。ご主人様に仕える召使の心得だ。

- オレ（様）の帰宅がどんなに遅くても必ず起きて待っていること。
- 帰宅の際はピンポン1回ですぐに玄関を開けること。できれば車のエンジン音が聞こえたタイミングで鍵を開けることが望ましい。
- どんなに遅くに帰宅しても温かい食事を出すこと。もちろん焼きたて揚げたてのみ。チンは厳禁。
- オレ（様）からの電話は2コールまでで取ること。
- オレ（様）がセックスをしたがったら絶対に応じること。（妻のつとめだ）
- 妻はひとりで楽しそうにしてはいけない。（オレを不機嫌にさせるな）

言うまでもなく妻にとってもっとも屈辱的なのは最後の2つだ。とくにセックスは相手のエゴイスティックな本音がダイレクトに心と体に届いて傷をつける。

「完璧なオレ様セックスですよね。オレ様を満足させるためにおまえはいるんだという感じ。毎日のようにこられても私に拒否権はない。途中で子どもが泣いてもやめない。泣かしておけと。そこで私が何か言えば不機嫌と無視が始まる。おまえオレを怒らせてどうなるかわかってるんだろうな、と言わんばかりのオーラだった。もう毎日が我慢でした」

杏奈さんにとってナル夫は初めての男性だから比較はできない。でもセックスでいい思いをしたことは1度もない。気持ちよさはなく、夫の腕に抱かれる心地よさや安心感を感じたことすらなかった。ただ早く終わってほしくてずっとフリをしてきた。あるいはそうしなければ夫は確実に不機嫌になっただろう。しかし妻の演技に気づかないナル夫は、さらなる自信を深めてしまうのである。

「ものすっごい自信でした。オレのはすごい、みたいなことまで言ってましたから」

セックスほど「オレ様度」がむきだしになる場面はない。自分がしたいときに受け入れるのは「妻のつとめ」であり、とりあえず自分が気持ちよくて満足できればいい。口にしなくてもその本音は敏感に妻に伝わる。裸なのだ。

自分だけが楽しければいい。裏返せば、妻がひとりで楽しむことはおもしろくない。だから徹底的に邪魔をしてくる。

「たとえば私が久しぶりに会う友達とコンサートに出かけますよね。そうするとコンサートが終わったころに電話が入る。今どこ?って。これから食事に行くところだと答えると、じゃあオレも行くわって来ちゃうんです。久しぶりに話したいことがいっぱいあるのに、友達も夫に気を使って話さなければならなくなる。もう帰り道は泣きたくなりました。そうやって私の個人的な楽しい機会を毎回つぶされてきたんです」

もちろん友達の前でモラッ気はおくびにも出さない。話に割って入ることも語りたがることもしない。仏さまのような顔でにこにことただ座っているだけだ。それでも、そこに

「夫」がいるだけで妻も友人もこんなにもぐったり疲れるのはなぜなのか。その場の流れとは関係なく、つねに妻のアンテナが「夫の機嫌」に向けられているからだ。

「そう、だから家に人を呼ぶのが嫌でしたね。私の友達がくるとふだん抱いたこともない子どもを膝に乗せてそこにいる。友達をもてなすでもなく、気を使って話をふるでもなく、にこにことただ座っているんです」

それの何が悪い、とナル夫は言うだろう。何の邪魔もしていないじゃないか、友達と楽しく盛り上がればいいじゃないかと。妻の楽しそうな顔を見るとたんに険しくなる自分の顔を見たことがないのだろう。

こうして「どうせまたつぶされる」と思うと友達と出かけることも家に呼ぶことも億劫になってくる。それはまさにナル夫の術中にはまることだ。オレのためにおまえは存在している。それがナル夫の信じる夫婦のあり方だからだ。


外ヅラいのち。

ナル夫もまた、まわりからは「いいお父さん」と見られていた。しかしそれは子どもと遊んであげるからではない。自分の遊びに子どもをつきあわせている姿がそう映ったのである。

「モデルガンに凝っていて、試し撃ちをしたくなると子どもたちを公園に連れて行って看板を撃たせる。自分のやりたいテレビゲームの相手をさせることもある。カメラも趣味なので運動会にきて子どもたちをバシバシ撮るし、ビデオカメラに凝ったときは授業参観なのに先生の邪魔になる勢いで撮っていた。その姿がまわりからはいいお父さんに見えるんですよね。本人もオレっていい父親って自己陶酔している。でも自分の趣味にかかわらないことはやらないんです」

子どもは愛情に敏感だ。とうぜん父親にはなつかない。すると「なぜママばっかりに行くんだよ！」と本気で切れた。ナル夫が食卓に置きっぱなしにしたゲーム機に子どもがこぼした麦茶がかかったときはブチ切れて「死ね！」とまで口にした。まさに逆コナンだ。

ところが、そんなナル夫がうつ病になった。きっかけは結婚10年目の単身赴任で、上司から受けるストレスが原因だと本人は主張した。自分は正しく何でも人のせいにする人間がうつ病になる。それは鬼が金棒を手にしたようなものだ。実際、うつ病という病を得たことでさらにナル夫のやりたい放題は爆走した。「うつ病の原因はストレスだ、おれにストレスを与えるな！」と、家族に向かって元気に号令をかけた。

「寂しいからと往復2万円の新幹線代をかけて毎週末に帰ってくる。そんな手当は会社からは出ないので家計は悲鳴をあげますよね。そうするとナル夫の実家がぽんとお金を出してくれるんです。これで帰らせてやってちょうだいって。ナル夫が泣きつくとお金が出てくる、そういう実家なんですね」

大企業に勤める父親と専業主婦の母親、そして祖父母。ナル夫は裕福なその家に生まれた3人兄弟の長男であり初孫だった。父親の不在がちな家庭で甘やかされて王様のように育ったナル夫は、結婚後も母親には暴言を吐き2コールまでに電話に出ないと怒鳴った。つまりナル夫にとって妻と母親は同義語なのだ。そして父親には一転して「いい子」でおとなしい。強い者には弱く、弱いものには強い。

「お義父さんは私にはすごくいい人に見えた。でも後に義母から話を聞くと、ああやっぱり義父もモラ夫なんだと。お友達と旅行に行くんだと報告した義母に『行くのはいいけどそのお金は誰が出すんだ。自分で働いて行くんだろうな』と言ったそうですから」

この父にしてこの息子あり。父親そっくりに育ててしまった息子を見て、母親は胸が痛んだかもしれない。しかしその罪悪感を息子の尻拭《ぬぐ》いをすることで埋めてしまったのだ。

「新幹線代のほかにも、パソコンがなくて子どもたちとメールができないと訴えればノートパソコンのお金を出してくれる。とにかくストレスを訴えると母親がそれをたちどころに取り除いてくれる、そういう母子関係だった」

だからこそ妻は自分の不機嫌を直してくれて当然なのだ。赤ん坊と同じだ。自分がオギャアと泣けば、母親から「おっぱいが欲しいのかしら、それともお尻が濡れているのかしら」と想像し、たちどころに欲求を満たしてくれるのである。

そしてナル夫は究極のオギャアを手に入れた。「死にたい」だ。

〈死にたい〉

〈気づいたら駅のホームに立っていた〉

〈飛び込んだら楽になれるかな……〉

単身赴任中のナル夫から初めて自殺予告メールを受け取った杏奈さんは、慌てて子どもたちを連れて夫の赴任先へ飛んで行った。しかし駅で出迎えたナル夫はマリのように弾む声でこう言ったのである。

『前から行ってみたかった所があるんだ』

「は……？　もうクエスチョンマークだらけですよね。で、翌日その場所に連れて行かれて、ツーショット写真を撮ろうとナル夫が思いっきり頬をよせてきた。そのとき、強烈な嫌悪感を感じる自分がいたんです」

後日、ナル夫から送られてきた写真の中に痛々しい作り笑いの自分がいた。かたやナル夫は離婚調停中にこの写真を手にし「仲が良かったこの頃に戻りたい」と涙した。夫と妻は同じ空間を共有しながらまったく違う世界に住んでいたのだ。

「一緒に写真を撮ることさえ苦痛な人間と一生過ごすのは無理だと、そのときはっきりと思った。でも同時に、離婚するのは現実には難しいだろうとも思っている。自分ひとりで生きていくなんて経済的に無理に決まっている。理不尽な夫の怒りに平謝りするのも経済的に生きていけないと思うからですよね。10年も専業主婦をやってしまうと本当に自信を失っているんです」

離婚だ、というモラ夫たちの言葉が効力を持つのもそのおかげだ。いやそうなるように妻の自信を徹底的につぶしてきたのだ。さんざん「おまえなんてダメだ」と否定し、自尊心をつぶし、生きる力を奪ってきたのである。

「自分には無理だ。できっこない。できっこない」

自ら置いた「できっこない」という壁は強烈な思い込みでしかない。しかしその壁を崩すには、やはりダイナマイトが必要なのだ。そして不思議なことに、そこに至る導火線は必ず用意されるものなのである。

密室で行われていたことを表に出す。それは解決の第一歩になる。しかしモラル・ハラスメントの場合はとても難しい。まず夫は人前では決してそれをしない。夫の言動を言葉にして並べ立ててもたんなる亭主関白としか捉えてもらえない。悪くすれば「夫にそうさせる原因はあなたにもあるのではないか」といった言葉でさらに傷つけられる。まさにそれが起きている現場に居合わせて、その黒々とした空気の異常さに気づいてもらうという「偶然」を祈るしかないのだ。そして、その偶然が起きた。

「お盆休みに私の父と子どもたちの4人でお墓参りに行ったんです。その帰りの車の中でその事件が起きたんです」

杏奈さんの父方の墓までは車で10時間近くかかる。2泊して家に帰るその道中、会社で仕事をしているナル夫からメールがきた。気になる甲子園の試合結果を教えてくれという。何度かメールをやりとりをしていると突然ナル夫の様子が変わった。頭痛とめまいと吐き気がする、運転して帰れないから会社の最寄り駅まで迎えに来てくれというのだ。すでに父親は7時間の運転で疲れている。そこで近くに住むナル夫の母親に電話をして頼んだ。義母は二つ返事で引き受けナル夫にそのむねを連絡すると言って切った。「事件」はその直後に起きたのだ。

「激怒したナル夫から電話が入ったんです」

『ふざけるな！　なぜおれの実家にすぐ頼む。おまえが来い！　来なければ離婚だ、帰ってくるな、そのまま父親と実家へ帰れ！』

このやりとりを聞いていた父親に、杏奈さんは初めて事実を話した。10年間、つねにこういう仕打ちを受けていたこと、離婚すると脅され平謝りするまで責め続けられていたこと。驚いた父親が思わずもらした言葉こそナル夫の本質を言い当てていた。

『大人のやることではない……』

この一言が導火線に火をつけたかのようにすべてが一点に向かって動き出した。

まずその晩、ダメ押しのようにナル夫が説教をたれた。「うまく眠れない」とイラついたナル夫が朝方近くまで杏奈さんを責め続けたのだ。

『なぜおまえは働かないのか』

『おまえは結婚してから何も努力していない』

『だいたいビデオ借りすぎなんだよ』

『おれの稼ぎで食べさせてもらってんだろ。それで十分、それ以外は全部ムダだ！』

心とは裏腹に、杏奈さんは土下座して謝った。離婚を恐れたからではない。離婚しかないと決意したからである。

「疲れきってしまってもう神経が限界まできていた。ただ離婚するからには足場を固める時間が必要だと思った。だから土下座して謝ったんです。まさか1ヶ月後に家を出るとはそのとき思っていなかったので」

翌朝、夫と子どもたちが出かけたリビングでパソコンの前に座った。「ああ、とうとう離婚か。でも離婚ってどうやってすればいいんだろう」というのがそのときの正直な気持ちだったという。ヤフーの検索エンジンに「離婚」と打ってエンターキーを押す。運命の瞬間だった。

「『モラル・ハラスメント被害者同盟』というサイトにふと目が止まった。読んでびっくり。そこにナル夫のことが書いてあったからです。妻を怒鳴り、妻を蔑《さげす》み、自分中心で生きている夫たちのことが。みんなびっくりするほどナル夫に似ていて、本当に衝撃でした」

全身からウロコが落ちる。脱皮の瞬間だ。

図書館で『モラル・ハラスメント　人を傷つけずにはいられない』（マリー＝フランス・イルゴイエンヌ著／高野優訳／紀伊國屋書店）を借り、むさぼるように読んだ。そして一番の理解者だと思っていたナル夫の母親に相談した。ナル夫がうつ病になってからはつねに相談にのり一緒に考えてくれた人だからだ。ところが一転、杏奈さんは猛反撃をくらう。

「ナル夫はうつ病ではないのではないか。あの切れ方はふつうじゃない。性格的な問題なのでは……」

そう言いかけたところで待ったがかかったのだ。そうなるだろう。ふつうじゃないと指摘されたのは、自分の遺伝子を持ち自分が愛して育てあげた息子の性格なのだ。

しかし、これもまた吉へと転がる。唯一の相談相手を失ったことで、ようやく「プロ」に辿りついた。DV相談室に電話をして初めて正直な感情を吐露したのだ。

「殴られたり蹴られたりはしない。でも怒鳴られて責められていつもおまえが悪いのだと追い詰められる。とにかくつらいんだと。そこまで言ったとき、もう涙でぐじゃぐじゃだった」

『今までよく頑張りましたね。あなたは何も悪くないんですよ』

あなたは何も悪くない。一番聞きたかった言葉がカサカサに乾いた心に染み込んでいく。が、人間にとって真実を知ることは恐ろしいことでもある。

「夫の困った症状には名前があってそれはDVの一種だと知った。自分はDVを受けていた、それも一番身近な人間から。そう思った瞬間、夫に対するものすごい恐怖がわいてきた。それが体の症状になってでたんです」

胃が痛くて食べ物を受けつけない。水分を摂っても下痢してしまう。3日で体重は4キロ落ちた。

「帰宅した夫の車のエンジン音がすると冷や汗が出て震えが止まらない。夫の顔を見ることもできない、どうしても用事があるときは背中から声をかけました」

このままでは自分が壊れてしまう……切迫したその思いが精神科のドアを叩かせた。お盆の一件を詳細に書いたレポートをナル夫のうつ病の主治医に見せたのだ。

『これは立派なＤＶです』

『本人自らが気づき努力しないと治りません』

『しかし自分は正しいと思っているから、他人から指摘されても否定します』

『だから治すのが大変に難しくなります』

長年ナル夫を診てきた主治医の言葉は一刀両断だった。

杏奈さんは一番聞きたかったことを聞いた。うつ病のせいですか、と。

『まったく関係ありません。しかもご主人のうつ病はほとんど治っていますよ』

医師の言葉に、最後まで残っていた離婚への躊躇《ちゅうちょ》が吹き飛んだ。うつ病の夫を見捨てることの罪悪感だった。

数日後、電話相談したＤＶ相談室の面接相談に出かけ、脱出するまでの心得や準備をメモした。そして水面下で「脱出」の準備を始めたのである。

ただし脱出へのＧＯサインを出したのは、またしてもナル夫だった。

「寝室のテレビを見ながら子どもたちと寝ようとしていたら、ナル夫がきて怒鳴り始めたんです」

『ベッドに寝ていないのがすげームカつくんだけど！』

『もうオマエなんかいらない。オレはもっといちゃいちゃできる嫁が欲しいんだ』

『出て行け！　さっさとここから出て行け！　消えろ！』

これではまるで協力者だ。

もちろん妻が平謝りしてくるという前提での暴言だったのだろう。しかし杏奈さんは黙って荷物をつめていく。いつでも出て行けるように持っていくもののリストは頭の中に叩き込んであった。

しかしここで最後のダメ押しが入る。ただならぬ空気に子どもたちが泣き出したのだ。

長女は父親のところへ行き、そして戻ってくると母親にこう言った。

「お母さん、お父さんが土下座すれば許してくれるって。謝ろうよ」

父親にひたすら謝る母親の姿。それは子どもたちには見慣れた日常の光景だったのだろう。またいつものように謝ればお父さんは許してくれるのにと。

「お母さんは悪くないから土下座なんかしないよって。私がそう言うと、長女は父親のところに行って土下座して謝ったんです。私の代わりに土下座して許してもらおうと……」

やめさせたのは母親で父親ではない。土下座する娘をナル夫は黙って見ていたのだ。それがナル夫という人間のすべてだろう。

脱出後に届いたメール1000通あまり。うち遺書メールは数知れず、狂言的な自殺未遂も杏奈さんが知るだけで4回やった。

離婚が成立するまでの1年半、調停と裁判を繰り返す杏奈さんの応援団となったのは顔の見えないたくさんの「妻」たちだった。みなモラル・ハラスメントという言葉で呪縛が解け、すくむ足で立ち上がり、夫と戦って自由を勝ち取った同志たちだ。彼女たちと出会えた『モラル・ハラスメント被害者同盟』を杏奈さんは「母なるサイト」と呼ぶ。

くじけそうなとき、疲れきって悲しくなったとき、子どもへの罪悪感でつぶれそうなとき、行間につまった気持ちまで理解して励ましてくれた。ナーバスにならないよう笑い飛ばしてくれた。それは同じ経験をした人間だからこそできることだという。

「家を出るとき、すごく仲良くて信頼していた友達に言われたんです。私はそんなことぐらいじゃ離婚できないなって。それはとてもショックだった」

言葉ひとつで人を死へと追いつめることも、死の淵から蘇らせることもできる。モラハラ離婚した妻たちは身をもってそれを知った人たちなのだ。

「離婚成立を報告した日は祝福の嵐だった。おめでとう、祝杯だねって。離婚はおめでとうなんだってあそこで初めて知ったんです」

離婚を心から祝福してくれた存在は他にもいた。2人の子どもだ。離婚したことを話した母に「やった〜、じゃあケーキでお祝いだね」と飛び跳ねた。

おめでとう。

おめでとう。

おめでとう。

今、その言葉の意味を毎日噛みしめている自分がいる。

「養育費は支払われないしお金は大変です。でもぜんぜん幸せだなって。子どもと3人で暮らす毎日がほんとうに嬉しいし楽しい。それは心が自由だからですよね。でもモラル・ハラスメントという言葉を知らなかったらずっとあの家にいたと思う。あのサイトを見ていなかったら……私の人生を変えた母なるサイトです」

そのサイト内で不朽の名作として今も語り継がれている一篇の詩がある。

作者はナル夫。別居中にがんがん送られてきた遺書メールの一通だ。

遺書なのに「HEAVENS　DOOR」というタイトルつきである。

　既に覚悟はできているので恐怖感はありません。
　澄んだ青空の下、波の音を聞きながら、逝こうと思います。

永遠の青に見送られながら。
君に告白したあの海で……。

このメールが届いた翌早朝、ナル夫・母から電話連絡あり。睡眠薬を飲んで浜辺で寝ていたナル夫から「頭がふらふらして運転できない、迎えに来て」と連絡あり。無事、身柄確保したとのこと。

喜劇か。妻にとっては、やっぱり悲劇だ。

第2章

浮気という犯罪

「許せというなら相手の生首を持ってこいと。裏切られた妻になるより犯罪者の妻を選ぶ」

夫が夢見る理想の妻は「何でも許してくれる面倒見のいいお母ちゃん」だという。たしかに多くの妻は文句を言いながらもたいていのことは許している。

ただし浮気は別だ。夫婦関係においてメガトン級の破壊力を持つ。妻にとって夫の浮気は犯罪だからである。

事実、あらゆることに我慢してきた妻が夫の浮気一発で離婚することも珍しくない。いや、あらゆることを許してきた妻だからこそ許せないのだろう。あるいは離婚に至らなかったとしても、大きなしこりが残る。猜疑《さいぎ》心と不信感という、生涯消えることのない化け物と戦うことになるからだ。

猜疑心と不信感。浮気の破壊力の正体は、妻たちのこの2つの苦しい感情だと思う。しかしそれは必ずしも浮気をしたことそのものに向けられるのではない。むしろ発覚した後の夫の対処、言動から見えた夫に対する強烈な不信感なのである。

一言で言うとそれは妻の苦しさを無視しようとする、という夫の態度だ。ひたすら平謝りして別れることを約束して実行したとしても、妻の苦しさは終わらない。むしろそこから本格的な心の地獄が始まるのである。

夫が優しくすれば「やましいことがあるんじゃないか」と勘ぐり、夫と外食に行けば「この店に浮気相手ときたんじゃないか」と思う。思おうとしなくても思ってしまうから苦しいのだ。夫の携帯に着信する電話やメールが気になり、財布の中の領収証が気になる。いや夫の一挙手一投足にアンテナが立っている。

それは夫にとっても地獄だと思う。できるだけ早く「なかったこと」にして終わらせたいし、逃げ出したい。しかし断言するが、それをはるかに超える苦しさの中で妻は戦っているのだ。苦しくてもそばにいてそれを見守り、妻の傷にかさぶたができるまでじっと待つ。苦しい問題を2人で乗り越える、分かち合うにはそれしかないし、そこからしか新たな信頼関係は生まれないからだ。
しかし実際には逃げる、逃げる。できるだけ家にいなくてすむよう仕事に、パチンコに、あろうことか別の女性に逃げる夫もいる。そのとき妻は心の中で判をつく。

ひき逃げする相手と人生をともにはできないからだ。
妻からの離婚届は示談書なのである。

「女房なら許してくれる」という美しい誤解

「今はもう夫が誰とつきあっていようと関係ないし気にならない。でもあのときの騙されていた自分は可哀相だったなという思いは消えない。自分で自分を哀れんでもいけないんだろうけども、10数年、騙されていた自分は悲しかったなと。それを踏み台にして何を得たんだろう、あの人。子どもたちはこれからどんどん頼もしくおもしろくなっていきますよね。小さい頃のおもしろさではなくて、昨日も下の子と話していて対等なひとりの人間としてとてもおもしろいなあって。日常的にそういうことができる環境を壊してまであの人、何が欲しかったんだろう……」

家族を失ってまで夫は浮気に何を求めたのか。29年間の結婚生活、その最後に残されたのはその問いだった。

藤沢和泉さん（52歳）。2年間の別居を経て調停離婚が成立したばかりだ。

大学卒業後、地元の私立大学に図書館の司書として採用された。そこの事務職員だった2つ上の夫と24歳で結婚。一男一女に恵まれ、共働きを続けながら一緒に子育てを楽しんだ。長女はこの春社会人に、長男は大学生になる。

「夫としても父親としても不満も問題もなかった。仕事に対する姿勢も真剣で、家庭では子煩悩な父親だった。妻としても大事にされていたと思う。浮気が発覚するまではこのまま一緒に年をとっていくんだろうなと。老後を支えあって暮らして、おそらくは私がこの人を看取るんだろうと思っていました」

そのすべてが一晩でひっくり返った。6年前の暮れのことだ。

「いつものように自宅のパソコンでメールをチェックしていたら、ふと、夫宛のあるメールアドレスが気になったの。あれ、このアドレスしょっちゅう見かけるなと。もちろん夫宛のメールを開くには夫のパスワードがいるし、それまで読もうとしたこともなかった。でもそのときは、何か心にひっかかるものがあって」

いくつかの点が線につながる予感。忘れていたほど小さな心のひっかかりがひとつながりになる瞬間というのがある。

「おかしいなと思うことはいくつかあった。休日に携帯に電話がくるとわざわざ庭に出て話をしている。画面には非通知と表示されてるのに『あ、職場からだ』とか言ってとる。何でわかるの?って。それと夜、近くの自販機に飲み物を買いに出たら向こうから夫が携帯で話しながら歩いてきた。おかえりって声をかけた瞬間、笑顔から真顔にさっと変わってパンと携帯を切った、とか」

そうした小さな「あれ？」が積もってきていて、パソコンをあけたときの「あれ？」につながったのだ。確信はないが迷いもなかった。パスワードなしで読める「既読メール」の箱を開けると、仕事らしき件名に混じって「こんばんは」「まだ起きてる？」という意味深なタイトルが目についた。メールを開くとそこには自分のまったく知らない男がいた。

〈どうして僕の気持ちに応じてくれないんだ〉

〈応じるってどう応じればいいのかわからない。あなたは優しかったけど、私の気持ちなんて考えてくれなかったじゃないの〉

震える手でさらに「削除済み」のフォルダをクリックする。メールを削除してもそのフォルダごと空にしておかなければメールは残る。夫よりもパソコンに詳しい和泉さんはその中から同じアドレスのメールをコピーしてフロッピーに落とした。しかし、まだ真っ白な頭で放心したように画面に目を移したとき、別の女性からのメールと目が合ってしまうのである。

「そこで一気に相手は複数なんだっていうことまでわかった。しかも後から出てきたのは私も顔見知りの職場の女性だった。気が遠くなりました。その晩をどう過ごしたのか自分でも記憶がない。ただその日から血圧が上がったの。ずっと低血圧だったのに薬が手放せないほどの数値まで一気に上がったんです」

しかし3日間は何も言えなかった。「嘘だ」「信じられない」「なぜ？」という強烈な否定がはたらく一方で、それまでの小さな違和感が「でもあれもある、これもある」と畳みかけた。頭の中で「これは事実なんだ」と納得させるのに3日かかったのである。そして3日目の晩、夫の携帯の留守電をチェックした和泉さんは決定的な証拠をつかんでしまう。職場のほうの女性（以後「職場系」とする）から翌日のデートの時間と店を確認するメッセージが残されていたからだ。そこに風呂から出た夫が鼻歌まじりでやってきた。

『明日は？』

『あ、残業で遅くなる。その後同僚のナントカと飲みに行くから』

『違うでしょ。もう帰ってこなくていいよ』

『え……なに？　え？……』

必死でごまかそうとしつつ歪んでいく夫の顔。メールと留守電の件を話すと全身全霊で支離滅裂な言い訳を並べたてた。

『いや、あれはただ相談に乗っていただけで……』

『なんか誤解があるようだけど……』

『いや、言動で相手に勘違いさせたフシはあるかもしれないし、そのほうが都合よかったこともあるかもしれないが、疑ってるようなことは何もないから信じてくれ』

誤解でも何でも別れるまで帰ってくるなと言った妻に「まず職場の女性と別れてくる、もうひとりはその後で……」と力なく約束した。そして次の日、ぼろぼろになって帰ってきたのである。

「あ、うまく別れられなかったんだなって。精神的にぼろぼろなのが顔見ればわかる。その職場系とはちょうど別れ話をしようとしていた時だったらしく、でも同じ職場だからうまく別れないと大変なことになりかねない。時間をかけて穏便にと思っていたところに私にダメ出しされた。当然、向こうの女性からも責められるわけですよね」

ぼろぼろのまま寝てしまった夫の携帯が鳴る。留守番電話センターに電話してその内容を確認する。パソコンにもメールが入る。そこには女の記憶力を発揮した「あなたはあのときこう言ったじゃない」が羅列されていた。妻からすれば「あんた、バカじゃないの」とあきれるしかない言葉の数々だ。

「がっくりした。自分の夫はこんなバカだったんだと。でも本当に打ちのめされたのはその数日後、もうひとりの女性が誰かわかった時だった」

長女が7歳まで通ったバレエ教室で顔見知りの母親だった。しかも関係が始まったのは10年以上も前、下の子どもを生んで間もないころだ。

「え、じゃあ結婚している20年ちょっとのうちの10年以上騙されていたのって。いやそれ以外にもあるのかもしれない。そう思って考えるとあれやこれや出てくる。入院した部下の見舞いにあんなに頻繁に行くものだろうか、とか。出産や子育てのどさくさで棚上げしておいたものを棚卸ししていく。そうすると、え、あの人はほんとに私を好きでいた期間ってあるのかしらって」

夫は結婚記念日や誕生日には欠かさずにカードとプレゼントをくれた。子どもが生まれると子どもの誕生石が入った指輪やペンダントを持って病室にかけつけた。子どもの成長をともに喜び、たくさんの家族の思い出を作ってきた。しかしその夫は10年以上も自分を騙し複数の女性とつきあっていたのだ。和泉さんにとって、もはや夫は完全に「わからない人」になった。しかしその時点でも和泉さんの中には「離婚はしない」という結論だけはあったという。

「目が覚めてくれるのではないかという期待があったんですね。ほんとうに大事なのは何なのか、そこに気づいてくれると。それに2人同時につきあっているということはどちらも本気ではないんだなと思ったんです。だったらまだ希望は持てる。まあ私も現実から逃げていたのかもしれないけれど、もう一度信じようと思ったんです」

夫を信じる。ほんの数日前までそれは何の努力もなく無邪気にできていたことだ。しかしその自分はもういない。この数日で知った衝撃的な真実は、体の全細胞に情報としてインプットされ、すべてが変わってしまったのだ。その自分があえてもう一度「信じる」ことを選択する。その恐ろしいまでの孤独はやったものでなければわからないだろう。

朝起きて食事を作り、お弁当を持たせて子どもたちを送り出す。自分が作った朝食を食べ、自分がアイロンをあてたシャツを着て夫は出かける。結婚生活は平穏に戻ったかに見えたが、和泉さんの心の風景は一変してしまった。

「とりあえず私は待つしかない。約束どおりに夫が2人の女性と別れてくるのを待つしかなかった。でもいつまでたっても夫からその報告がこない。私から聞いても黙りこくっちゃうとか、信じてくれないのかとか、時間が必要なんだとか。形になって、はい別れてきましたごめんなさいっていうのがない。最後までそれはなかったですね」

妻を不安にさせないこと、全力をかけるべきはそこなのだ。妻はたったひとりで信じることを選択したのだ。たとえ決着がついていなくてもいい。その状況を正直に伝えてくれること。妻としてはそこを信じることしかできない。嘘によって失った信頼関係は正直になることでしか取り戻せないのである。

「そうこうしていると夫の携帯に留守電が入っていたりする。そのたびに傷つく。まだ続いていることにじゃないの。そこまで向こうの気持ちを大事にしないといけないのかって、そこに傷つくの。夫は向こうの気持ちをうまくなだめて別れようとしている。じゃあ私は？　私は気持ちがズタズタになったまま放っておいていいと思っているのって」

思っているのだろう。ここで「職場系」に暴れられたら職場での自分の身が危うくなる。（妻だってそれは困るだろう……）とりあえず決壊しそうなダムを何とか抑えるのが先で、女房のフォローは後で時間をかけてやればいいと、そうふんだのだ。さすが甘い。

妻からすればそれこそハラワタが煮えくりかえる話なのである。

「ダムなんか決壊したっていいわけ。そうやって向こうに情けを見せていい顔して別れるなよと。私が欲しいのはそんな丸くおさめることじゃない。私がもし許すとしたら、彼女たちの生首を2つそこに並べてみろと。そのくらいの誠意を見せろと。そうしたら私は犯罪者の妻になるけど、裏切られた妻になるより私は殺人者の妻になるほうを選ぶ。つまりですね、一生をかけて守るべきはどっちなんだと今あんたは問われているんだ、ということがわかってない。それでただ信じてくれとか言われても、だって今私ほっとかれてるじゃん、って話なんですよ」

夫に裏切られた妻の心の内をこれほど見事に語った人を私は知らない。夫の裏切りを知った妻は妻ではない。傷ついた鬼だ。世間体も体裁もなく、真実であるものだけが癒す薬となる。真実とは自分に対する夫の愛だ。それが生首なら喜んで受け取る、和泉さんはそう言ったのだ。

しかし夫は何も与えなかった。何ひとつ与えなかったのだ。ある意味それは浮気という行為よりもひどい仕打ちだと思う。

「半年ぐらいたったとき、自分が変だって気づいた。いつも涙目なの。気がつくと目がじわっと潤んでいる。それと眠れない。神経が立ってちりちりしている感じで眠れない。眠ることを自分に許しちゃいけないというか、寝ちゃうのが嫌なの。ここで寝ちゃうとまたすぐ朝が来てまた苦しい一日が始まるんだって」

最後はくたびれ果てて眠りに落ち、くたびれ果ててたまま起きる。目が覚めてからようやく眠りに落ちる瞬間までずーっと苦しい。それこそ地獄だ。そしてそのすぐ隣で健やかな寝息を立てる夫は、夜中に目覚めてさらに神経を逆なでる。「何してるの、早く寝ればいいじゃん」と。

人は安心の中でしか眠りにつけない。なぜ夫は妻にそれを与えようとしなかったのか。別れたとも別れていないとも明言せず、何度聞いても「もうおまえに心配かけることはないから」と、どうとでもとれる言葉を繰り返した。耐え切れなくなった妻が感情的な苦しさを訴えると黙りこくった。それは「これ以上騒ぐな」と言っているようなものだ。

「そう言われました。おまえがそういうことを言うと家庭の雰囲気が悪くなる、だからおれが帰ってこれるようニコニコして出迎えてくれよと」今日は鍋にしてくれよ、というように真顔でそう頼んだという。ここは正直な気持ちなのだろう。つまり「とりあえずおまえの傷とか感情にはでっかい絆創膏でも貼っておけよ」ということだ。時間をおいて剝がしたときにはきれいに治っているはずだよと。

それは違う。絆創膏を貼ったら傷は膿むのである。

「そう言われると、私も笑顔で出迎えなきゃと思う。でもできない。できない自分が嫌になる。夫は別れたのか別れないのか、いろいろなチェックもやめられなくて、それも苦しい。チェックするたびに傷ついていく、そんな自分を嫌いになるの」

足を踏んだのは夫で、痛くて歩けなくなったのは自分だ。夫はさっさと前を歩き、ふり向いて「何してんだ、早くついてこいよ」と言う。なぜ妻の体を支え、妻が歩けるペースで慎重に歩いていこうとしないのか。そしてなぜ、痛くて夫についていけない自分を責めてしまうのか。それが夫という病であり、妻という呪縛なのだと思う。

「水に流せない自分が悪いんだ、だからうまくいかないんだと思ってしまう。仕事も家庭も自分が一歩引くことでまわりの流れをよくするというポジションというか、そういう考え方が身についているんですよね」

それは社会でも家庭でも女性に求められ与えられてきたポジションだ。男たちはどうなのだろう。一歩前に出て「自分は悪くない」と主張すべしという世界で育つのだろうか。そう考えてみると2つの世界は大人と子どもほどにも違う。

「どちらの女性とも片がついたんだろうな、と感じたのは1年たった頃ですね。どう片がついたのかはわからない。あいかわらず夫は具体的なことは何ひとつ言わない。もうおまえに心配かけることはないから安心してくれと、それしか言わなかった」

夫にすれば別れたことが妻への最大の誠意であり、それで妻へのメンテナンスはすんだものと思ったのかもしれない。しかし妻のほんとうの苦しさは片がついてから始まる。この時期、和泉さんは初めて精神科を受診し不眠と抑うつの薬を飲み始めている。

「つらさにも種類があるんですね。裏切りを知ったときはもちろん奈落に突き落とされたようにつらい。でも形として一件落着した後もボディブローのようにきつい。かさぶたを剝がして薄い塩水を塗られてるようなちりちりとした痛みが続く。だからきっと、ずっと休まってなかったんでしょうね」

何事もなかったようにふつうに生活をする。傷ついた動物がじっとして治るのを待つように。それにはできるだけ感情を動かさないことだった。

「夫が精神的に痛んでいたのかどうかもわからない。夫も私の前ではもう素の自分になれないんだと思う。痛いときに痛いという顔ができない。それを出しちゃうと私たちの間に問題があることを認めることになる。向こうはもうなかったことにしたい、そうふるまいたいわけだから」

素の自分でいられない。感情をそのまま出せない。それは和泉さんも同じだった。

「たとえば職場で嫌なことがあったら不機嫌になる。不機嫌さを持ち込んでも許されるのがふつうの家族ですよね。でも事件後は不機嫌さを素直に出せない。平穏にしていなければいけないから。それは夫もそうだった。不機嫌さを出されても何があったのか聞くことが怖い。仕事なのかそうでないのか、そこに触れていいのかいけないのか」

腫れ物に触れないばかりか腫れ物など「ないこと」にする。そうやってふつうに生活することが何よりストレスになる。この時期、埋まらない何かを埋めるように旅行や観劇、外食と夫婦は頻繁に出かけている。しかしその間にも腫れ物はどんどん育ち膿んでいく。それは夫に対する不信であり、それを感じながらも「元の生活」をすることのストレスだったという。

「それが体に出てきていた。薬を飲んでも血圧は高いし、睡眠薬も抗うつ剤も手放せない状態だった。つらいのは起きていると考えてしまうこと。自分の気持ちと向き合わなければばならなくなる。私はどうしたいのか、これからどうすべきなのか。それは考えだすとやっぱり怖いし目をそらしたい。だから自傷行為みたいによく自分の腕を爪で引っ掻いていた。体の痛みで心の痛みをごまかすんです」

妻が眠れなくてうつになって薬を飲んでいることは夫も知っている。その原因がわからないはずはない。あるいは、夫は夫で罪悪感に心を痛めていたのかもしれない。しかし少なくともそれは言動として出さなかった。苦しむ妻を半ば黙殺したのである。

「もうほんとになかったことにして夫はふるまっていた。自分についた汚点を努力して消そうとするんじゃなくて切り取って捨てちゃう。で、そんなことよりこれからの未来を見つめていこう、楽しい老後、みたいなノリで。ところが自分が捨てたものをまた私が取り出して持ってくる。おまえ捨てたものを何で持ってくるんだよ、匂ってるじゃないかと(笑)」

そこに「自分は何をしても許される」いや「女房なら許してくれるもんだろう」という揺るぎない勘違いがあるのを感じたという。

「おまえはオレの女房なんだからオレがリセットしたらおまえの頭もリセットだろ、という感じですよね。夫婦は一心同体なんだからと。それは妻を甘く見ている、たぶん私を下に見ているんだと思う。命令する人される人という関係が家でも続いている」

夫唱婦随。和泉さん自身、その概念に縛られていた部分はあったという。夫の言う「賢い妻」でいたほうがいろいろなことを乗り切りやすいからだ。

「ただそれは同じ目的や考えに立っていればの話ですよね。そこが崩れた。私と夫の人生の同じ目的って何なのか。一緒にいる意味って何なのか。そうした疑問を持ち始めながら前のように生活している。そのストレスで体が反乱を起こしたんだと思うんです」

もちろん今だからわかることだ。そのときの和泉さんは苦しみながらも、自分たちは修復しつつある、やり直せるかもしれないと思っていたという。そしてその答えのように出てきたのが2件の「新規」だった。

2人の女性と別れるまでに（推定）1年、やり直せるかもしれないと感じるところまでに2年の時間をかけた。しかしその3年間を全否定する爆弾が投げ込まれた。酔って帰宅するなり寝てしまった夫の携帯に入ってきたメールだ。

〈今日は楽しかったわ。まだワインの酔いが残っています……〉

携帯で夫の頭をぶんなぐって起こした。何なのこれはと。夫の答えは逆切れだった。

『何で人のメールを見るんだよ！』

『こういうふうに疑われてつねに見張られてるおれの身にもなってみろ！』

今度は言い訳も弁解もなかった。さすがにできなかったのだろう。

「その日からまた私の眠れない病がピークになった。夜がしらじらと明けるまで眠れない」

そんなある週末にメールがきた。夫は昼寝をしている。代わりに和泉さんが「出た」。

〈何してるの？〉

と聞かれたので

〈何もしてないよ〉

と答えてみた。すると、

〈じゃあ今からおいでよ。コーヒー沸かしておくから〉

と誘われたのだ。だから電話をして直接、尋ねた。

『あなた誰？』

「少し黙ってから、それは言えませんと。ああ、これは新規なんだなと。で、夫が起きてきたので電話で話したことを伝えた。なんで人の携帯を勝手に見るんだよ！って。でもそのときはもう冗談じゃないわと。メールをチェックした自分が悪いとはまったく思わなかった」

そもそも妻が勝手にメールを見たからこんなことになった。見なければすべてがうまくいっていたじゃないかと。ほんとうのほんとうを言えばそれが夫の本心なのだろう。しかし逆切れできるのもここまでだった。数ヶ月後、もうひとりの「新規」が出たからだ。今度はパソコンからの往復メールだった。

「またダブルかよと。しかもまたしても職場系で今度は夫も子もいる女性だった。それはやっぱりショックでしたよね。同時に、ここにいたって初めて気づいた。ちょっと待てよ。医者にかかるべきは私じゃなくてあんたじゃないかと」

おかしいのは私ではなくこの夫なのだ。

目が覚めたのは夫ではなく、和泉さんだった。さすがの夫も、もう「心配しなくていい」とは言えなかったようだ。数ヶ月後に自ら家を出た。それから調停離婚が成立するまでの2年間、和泉さんの離婚をするという選択にまったくブレはなかったという。それは自分の知らなかった「素の夫」が見えてしまったからだった。

「同じ浮気でも世紀の大恋愛をして、すみません離婚してくださいというならまだわかる。でもどのときも、ばれたならしかたないという感じ。別居後も自分からはアクションを起こさないでこちらの出方を見たり、調停とか弁護士を通じてのやりとりでも目の前の問題からどう逃げるかという姿勢が見え見えだった。そのたびにがっくりきますよね」

そもそも和泉さんは夫の仕事に対する真剣な姿勢にひかれて結婚している。しかしそれと生きることへの真剣さはイコールではなかった。自ら招いた危機に立ったとき、そんな自分と対峙することを夫はしていない。少なくとも妻からはその姿は見えなかったのである。

それにしてもなぜだ？　という疑問が残る。

夫の人生はあらゆる意味で順調だった。幼いころから学業優秀で名のある大学を卒業し、家庭にも仕事にも満足していた。職場では評価され家族からは愛されていた。それでも「それとは別の何か」を求める気持ちがあるのはわかる。しかし「ここまでやったらアウト」というデッドラインを軽々と、しかも何度も超えてしまうのはなぜなのか。もっと言うなら、そこまでしてなぜそんなにモテたいしヤリたかったのか。

「う……ん、何だったんでしょうかねえ。ただ……夫が言っていたのは、褒めてほしかった、認めてほしかった、味方がほしかったんだと」

みんなそう言う。味方がほしいと。社会の中で7人の敵と戦っている、いつ誰から足元をすくわれるかわからない。孤独で、だから味方がほしいと。でもよおく聞いていると気づく。彼らにとっての味方とは、自分のオレ様度を満たしてくれる誰か――母親、妻、若い女――なのだ。

「そう、夫の言動の根幹にあるのはオレ様なんだと思う。ガタガタ騒ぐなと言わんばかりの態度も、おまえにはオレ様の妻という地位を与えているじゃないかと。妻としてないがしろにしているわけじゃないし、立てるところは人前でも立ててやっているんだから、他のことは目をつぶって許すべきだろうと。あ〜今むかついた。話しながら整理すると夫の本音はそういうことなんだわ」

大声で笑いあったが笑い事じゃない。そう考えてみるまでもなくほとんどの離婚の原因には「オレ様」意識が絡んでいると言って過言ではない。恋愛の破局も然りだ。しかもそれでもなお、ほとんどすべての男性は「オレ様」を主張することでしか自分を保つ方法を知らないという最悪の状況なのである。

たしかに「オレ様」を主張するという生き方は社会で、家庭で、今までは役に立ってきたのかもしれない。オトコ社会限定であれば今後しばらくは有効なのかもしれない。

でも家庭ではそれが足元をすくう。07年、目覚めてしまった妻たちが見切るのは社会から家庭に戻ってきた「オレ様」だからである。

浮気夫への15年目の「乱」

「あなたはきっと変わらないよね。それが夫に離婚を切り出したときの第一声で、離婚する理由のすべてだった。あなたは変わらない、だったら私はノーだと。彼はまた振り出しに戻すのかという顔をした。でも私は生半可な気持ちでは臨んでいない、単なる痴話喧嘩で終わらせるつもりはなかった。もう私は嫌なんだ、自分に正直に生きたいんだって。それは自分自身への宣言でもあったから」

大下篤子さん（44歳）。無駄のないきちんとした話し方は「妻」というよりも「女房」の風格が感じられる。その篤子さんが6年前に起こしたのはまさに夫に対する「乱」だった。もしあのとき夫が「もう二度と、絶対に、浮気はしません！」とさっさと降伏したら、その場で離婚していたと篤子さんは言う。欲しかったのはそんな薄っぺらなものじゃなかったからだ。

「夫を変えさせることよりも、むしろ私自身が自分の正直な感情を夫にきちんと伝えることと、それを理解してもらうことのほうが大事だった。それには夫と真剣勝負で向き合うしかない。それ以外の何かではだめなんだという確信があったんです」

中学の同級生だった夫は篤子さんにとって「申し分のない夫」だという。高校に入ってから恋愛関係になり23歳で結婚。その後、夫は父親から受け継いだ中古車販売会社の業績を伸ばし、篤子さんも役員として経理や雇用管理の仕事をしてきた。家庭に帰れば子煩悩の良い父親であり、学校行事にも欠かさず参加した。スポーツ万能で、高校の国体までいったサッカーは現在も続けている。夫としても、父親としても、男としても、篤子さんの基準よりも高いところにあった。もちろんそんな夫がモテないわけがない。

「そうですね。女房の欲目ではなく一般的に見てもモテる人だと思う。体も鍛えているし今でも30代前半で通ると思います。仕事に対しても非常に精力的ですし、社交的でいろいろなことに関心を持ってアンテナを立てている。女性に対してもフェミニストですよね。だからすべてに申し分ない夫なんです、女房に誠実でないだけで（笑）」

ただし夫は篤子さんを裏切ったのでも騙したのでもない。洗脳したのだ。

「夫の浮気なんて女房が心配することでも腹を立てることでもないんだよ」

そしてそれは結婚する前にすでに成功していたのである。

「結婚前に遠距離恋愛をしていた時期が1年間あるんですが、そこで彼の浮気が発覚した。もちろん問いつめますよね。そのときに慌てもせず取り乱しもしない夫から、懇々と諭されたんです」

君と彼女は違う。君は別格なんだ。僕の女房にするべき女性は君で、彼女は一時楽しむ女性のひとりにすぎない。つまり君は1等賞で、ほかは2位以下にすぎないんだと。だから心配するようなことではないんだよと。20歳そこそこでそれを言えた夫もすごいが、受け入れた篤子さんもすごい。

「もちろんショックではあったと思うんです。でも、それで別れようとは思わなかった。けっきょくは惚れた弱みというところに行き着くんでしょうが、彼の言葉を真に受けてしまったんですね」

つまり彼は「だから結婚してもおれは浮気はするよ」と宣言したようなものであり、その彼の価値観を篤子さんは受け入れたのである。

「夫が浮気しているかどうかのチェックリストを作れと言われたら私、作れると思います。慣れてくるほど向こうは油断が出るしこちらはサインに敏感になっていく。でも夫に言わせると君ももっとぼんやりしていたら気づかないよと。夫よりも子どもに関心が向いている妻っていますよね。君もそうであれば浮気にも気づかないし、傷つくこともないんじゃないのかと」

純度の高い本音だと思う。妻の妊娠を報告した部下に「それはよかった。女房にはお人形さんをあてがっておくのが一番だからな」と祝福する上司を目撃したことがある。子どもに夢中になっていてくれれば夫に目が向かない、仕事もナニモカモやりたい放題できるというのだ。しかし、そんな本音を当の妻に言ってしまうのはいかがなものか。正直にもバカがついたら女房は傷だらけになる。あるいは「それが賢い女房というものだよ」というさらなる洗脳になるかだ。

「それでも20代の頃は夫を責めることもありましたよね。あからさまに女性の存在を感じたときは、どういうつもり？って。でもそれで離婚を考えることはなかった。たぶんそれは私に対する夫の態度が変わらないからだと思うんですね」

女性ができても、家庭をおろそかにしたり妻をないがしろにすることはなかった。仕事への意欲も妻子への愛情表現もまったく変わらない。性生活も変化なくある。つまり浮気という状況にのめり込んで酔ってしまうような無礼さはない。彼の言葉を借りれば「浮気したとしても君への愛情が１００パーセントから欠けることはない」のである。

しかしそれでも、傷つくことはある。

「私は自分から探ることはしない。許容すると決めたからにはあれこれ探って自己嫌悪に陥るようなことはしたくない。だから夫が風俗に行こうと女性と関係を持とうと、それを私のテリトリーに持ち込まなければ遊びとして許せると思っていた。だからこそ、そこを破られたときはすごく嫌な気分ですよね」

たとえばお正月の家族旅行中に夫の携帯に女性からのメールや電話が入る。篤子さんからすればそれは非常に失礼で「わきまえが足りない」行為だ。しかしムッとする妻の前で夫は平然と「旅行に行くって言ってあったのに何でこんなところまで電話かけてくるんだ」とつぶやくのである。ただしここで篤子さんは感情的に怒ることはしない。あくまでも叱るのだ。

「あなたも相手の女性もわきまえが足りないと。深夜に自宅の玄関チャイムを鳴らされたこともあるんですが、そういうことは主人が自分の器量でクリアすることだし、私の手を煩わせないでほしいとつねづね主人には言ってあったんです」

夫の浮気を知ってしまった妻には2つの選択肢しかない。恥も外聞も捨てて嫉妬で怒り狂うか、ぐっと我慢して器のでかいかっこいい女房でいるかだ。世の夫たちは後者を「できた奥さん」とほめそやす。それがどんな恐ろしいことかを知らないのだろう。篤子さんの夫も、そして篤子さん自身も知らなかった。

「そう、自分では我慢しているつもりはなかった。僕の奥さんは君でないとつとまらないよ、ということを夫はよく言っていたんですね。ふつうの奥さんは夫が女性と食事しただけで怒ると。そんなのんき者だと思わないでねって言いながら悪い気はしなかった。自分でも自分はそういう人間なんだ、そういうキャラなんだと思っていましたから」「これが私である」と表に出しているキャラクター。自分はこういう人間でありたいし人からもそう見られたいという自分像。人はその自己イメージに向かって頑張る。しかし頑張りすぎるとつらくなる。そうではない真反対の自分（必ずいる）を否定し表に出てくることを許さなくなるからだ。

つらくても困ってもそれを顔に出さない。楽観的でくよくよ思い悩まない。それが篤子さんが表に出していたキャラクターだった。そうではない、感情的で傷つきやすい自分がいることを知らなかったからだ。そしてそれを教えてくれたのが他でもない、夫だったのである。

「8年前の暮れです。私の中で決めたラインを彼が越えた。許容範囲を越える、非常にタブーなところに彼が触れたんです。このときは相当ぶち切れて怒りましたよ」

まず相手は篤子さんの知っている女性だった。篤子さんが友達とよく利用し、家族で行くこともあるフレンチ・レストランのスタッフの女性だった。しかもその店のオーナーから「うちのスタッフがお宅のご主人とスキーに行くらしいのですが」と遠まわしの忠告を受けたのである。夫に確認するとスキーの予定は認め、でもまわりに誤解を招くようなら取りやめると、どちらとも取れる言い方をした。

「相手が知っている女性だというのは非常に嫌だった。私が知った時点で、半年ぐらいつきあっていたのもわかった。でもいつものように半年もすれば次第に熱も冷めていくだろう、お互いに飽きれば終わるだろうと高を括っていたんです。相手は独身だし、新しい彼氏でもできれば妻子もちの夫のことなんて恋愛経験のひとつにおさまっていくだろうって」

しかしそう思う一方で、篤子さんの中で別の確信が生まれていた。ひとつはその年の子どもの誕生日に夫が「商工会の慰安旅行」に出かけたことだった。

「誰かと旅行に出かけたなとは思いましたが特定はできなかった。夫には時々会う既婚者の女性がいるのは知っていたので、その人だと思っていた。でもそうじゃない、あの旅行はレストランの彼女と行ったんだと確信したんです」

確認すると夫はあっさりと認めた。その夫の顔を見て、さらにある確信が湧き上がる。それは篤子さんを根底から揺さぶるものだった。

「その夏に私は子どもを連れて友人たちと旅行に出かけたの。そういうとき夫は必ず外に羽根を伸ばしにいくんです。ところが旅館について電話をしたらめずらしく自宅にいた。ただそれだけなんですが、私たちの中では異例中の異例だった」

まさか……と思いながらも聞かずにはいられなかった。

「もしかしてあなた、あの旅行のときに彼女を家に入れたんじゃないの」と。証拠を押さえられていると勘違いしたのか、ここでも夫はあっさりと認めてしまうのである。

「すごいショックですよ、私たちのベッドで寝ているわけでしょ。子どもの誕生日に旅行にいくだけでも禁じ手なのに、ほんとうに怒り心頭だった。さすがにこのときは女性にも会って釘を刺しました」

このことで離婚することになったときには、あなたにも慰謝料を請求してそれ相応の責任はとってもらいますよと。びびった彼女は「それは困る、別れます」とあっさり身を引いたという。

「もちろん夫にも釘を刺した。私は今まであなたに寛容な態度をとってきたにもかかわらず、あなたは決定的に私を怒らせることをした。私の管理不足でもあるから、しばらく私はあなたの生活態度を観察させていただきます。二度と私のテリトリーを汚すことのないようしばらくは身を慎んでくださいと」

そこから「乱」が起こるまでの約2年。それなりに夫は自重しているように見え、少なくとも妻のいうテリトリーを侵すような事件は起きなかった。篤子さん自身、すっかり元の日常に戻ったと思っていた。すべて一件落着した、はずだった。

「そう。私も夫もそれですべてをおさめたはずだったのに……」

その両親に「待った」をかけたのは14年ぶりにできた2人の子どもだった。

14年目の妊娠。バースコントロールをしていたわけではなく、一人っ子でもしょうがないとあきらめかけていたときの妊娠だった。夫は素直に喜んだ。しかし篤子さんの中に手放しでは喜べない何かがあったという。

「やっぱり2年前のことがまだ傷として残っていたんでしょうね。夫を信頼する気持ちというのか、父親と母親として長女のときと同じように愛情を注いでいけるのかとか。その葛藤と同時に始まったんです。眠れない、外に出られない、泣いてばかりいる。初めは妊娠によるホルモンの影響かと思っていたんですが、完全なうつ病でした」

子どもを産む病院の心療内科でうつ病と診断され、睡眠薬と精神安定剤を処方された。もちろん向精神薬はお腹の子どもに良くない。しかしそれでも医師が出したほど、飲まないリスクのほうが高いと判断する状況だったのだろう。しかもそれは妊娠の後期まで続き、最終的には体の衰弱が激しいため予定日より3週間早く帝王切開で子どもを出さざるを得なかったのである。

妊娠とうつ病。お腹に新しい命を抱えたうえでのその9ヶ月間は、尋常ではない苦しい日々だったろうと思う。

「ほんとにつらかったですね。とにかく眠れない。人と会うのが怖くて外に出られない。ゴミを捨てにいくことすらできない。そのくせ家の中にいてもじっとしていられないの。リビングをぐるぐるぐるぐる歩いていないといられない。夜中に寝ている夫を起こしてじっとしていられないんだって訴えてみたり。夫の前でもよく泣いていましたね。泣き叫んで感情をぶつけるというのではなくて、ただウツっとした気持ちだけが自分の中にあって、それを消化できなくて泣いてしまうという感じで」

胎児の心臓の鼓動と同時に篤子さんの中で動き出したもの。その正体が何であるのかに篤子さんはうすうす気づいてはいた。しかしそれこそ、自分が一番認めたくないものだった。

「私はかなり長い間、自分の本当の感情を自分の中にずっと押し込んでいたんですよね。やっぱり女性だから自分だけを見ていてほしい。よそ見をしないでほしい。そういう素直な感情を口にできなかった、夫にそれを要求もしなかった。その抑圧されたものがここで一気に出てきたんだって」

しかしそれに気づくことは、篤子さんにとってはある意味でうつ病よりもつらいことだった。それは「夫が」でも「相手の女性が」でもない、「私はどうなのか」という自分の生き方そのものに向けられる問いだからだ。

「心療内科のカウンセラーにもそれは言えなかったですね。うまく言えないんですが、自分が一生懸命に守ってきたものを吐露したくなかった。周りの人に言うのが嫌だった。自分のプライドが非常に傷つくと思ったんです。ようするに自分は夫にとって都合のいい女で、たんなる『され妻』だったんだと。よしんばそれを自分は受け入れても外には出したくなかった。今思えば変なプライドなんですが」

そのプライドだけが篤子さんを支えてきたのだ。平穏な家族の日々も篤子さんのそのプライドがあったからこそ守れた。それでもいったん気づいてしまったことをなかったことにはできない。しかもうつ病は「気づけ、気づけ」とばかりに容赦なく篤子さんを急き立てた。

そんなある日、目が合ってしまったのは「誰にも素の自分を見せてこなかった自分」だったという。

「その日、婦人科の定期検診を終えて待合室にいたら、看護婦さんが声をかけてくれたんです。夜ご自宅で眠れないならここで休んでいっていいんですよって。看護婦さんは職務で言ってくれたのかもしれない。でも、その言葉を聞いたとたん、ぽろぽろ涙がこぼれてきた。この人は私のつらさをわかってくれているんだって、泣けるほどありがたくて。そのときにね、ああ、私は誰にも素の自分をさらけ出してこなかったんだ、頼ってこなかったんだと気づいたんです。夫にも弱いところを見せずにきてしまったんだって。もうそういう感情が一気に湧き出てくるような感じで」

それに気づいてからはもう止まらなかった。問いも答えも自分の中から生まれてくる。

「今まで自分は何を一生懸命かばってきたのか。守ろうとしていたのか。けっきょく私は自分の気持ちを大事にしていなかった、夫からも大事にされていなかったんだと思ったんです」

うつになった自分が嫌だった。人に会うのが怖くてゴミ出しひとつできない、そんな自分に戸惑い自分はそんな弱い人間じゃないはずだと否定し続けた。でも篤子さんの中にいる「私」は、篤子さんからも夫からも大事にされていない自分だったのだ。

「私は自分が思っていたような人間じゃなかった。それに気づいたときが一番つらかったですね。なんて虚勢を張って生きていたんだろうって、うつでぼろぼろになったときにやっとそう思えた」

もちろん夫はそんな妻の心の内に気づくはずもない。うつ病に苦しむ妊娠中の妻に戸惑いながらも、ひたすら優しく思いやり気遣ってもくれていた。しかしそれで癒されたりするような生易しい痛みではなかったのだ。

「ほかの何かではだめなんだという確信はあった。夫が私にきちんと向き合うこと、私が夫に正直に伝えること。そこをはしょっても何も解決しない。このうつ状態から抜け出すこともできないんだって、私の中でそれは明確になっていた。そのためにもとにかくこの子をまず無事に生み出す、それからでないと何も始まらないと」

2451グラム。帝王切開で生まれた長男の顔を見たとき「さあ、ここからだ」と気持ちを引き締める自分がいた。

「戦闘態勢といったら言葉は悪いけれど、これで地に足をつけて夫と向き合える。今回のうつが私たちの関係を再構築するきっかけになるという予感はしていたから」

この時点で篤子さんが求めたのはあくまでも自分と夫が向き合うことであり、離婚ではなかった。まさか5ヶ月後に乳飲み子を抱えて離婚を強行しようとすることなど、篤子さん自身まったく想像していなかったのである。

生まれてきた長男に対する夫の溺愛ぶりはすごかった。篤子さんも体調が戻りきらない中での育児に追われる日々だった。雨ふって地固まる。子どもが生まれたことで何となく元の生活に戻ったかのように見えた。しかし篤子さんの中では少しずつ確実に何かが育っていたのである。

「喉元すぎれば熱さ忘れるというような感じを夫の態度からちょっと感じる瞬間があったんですね。子どもが生まれて日々の雑多な忙しさにまぎれたときに、ちょっと夫がゆるんだというか。そういうのをチラッと感じたときにこの人は本質的には変わっていない、今はお灸を据えられておとなしくしていても根本のものの考え方は変わらないだろうと思ったんです」

たとえばそれは一般論として夫がさらりと口にした「浮気は男の甲斐性」的な発言だった。それを聞いた瞬間、プチプチッときて「あのときのつらかった自分」がフラッシュバックしてきたという。

「体も心もあんなに苦しい思いをして帝王切開までして子どもを生んだ。それでもこの人の考え方が変わらないんだとしたら、一体あれは何だったんだろうと。彼が根本的に考え方を変えない限り、また2年前と同じようなことが起こるんじゃないかと。そう考えてしまったときに私の中から出てきた答えはノーだった。もうこれ以上は無理だと。ギブアップだと。ほんとうに自分でタオルを投げるような感じだった」

もういいじゃないかと、自分を許した瞬間だった。世間体も、長男の嫁としての役割も、会社の中での立場も、すべてを放棄したかった。自分はもうこれ以上何もしなくていい、そう思える自分がいた。だからこそ夫に離婚を申し入れたのである。結婚して初めて口にする2文字だった。

あなたは変わらない。

でも私は自分を殺してまた同じことを繰り返すのは耐えられない。

この先、我慢してまで結婚生活を続けたくない。

だから離婚しかない。

もちろん2人の子どもは渡さない。

なぜ自分はうつ病になったのか、その説明をしたうえで篤子さんは自分の出した結論を夫に伝えた。初めて妻から聞く離婚という言葉、その妻の気迫にただならぬものを感じたのだろう。妻の言葉をすべて受け止め、それでも離婚はしないでほしいと懇願するしかなかった。が、篤子さんの気持ちは1ミリも動かなかったという。


「今思えば、離婚を切り出すには最悪のタイミングですよね。首が据わったばかりの乳飲み子を抱えて身動きとれないときにやることじゃない。でもやらずにはいられない、どうにも止まらない心の動きだった」


その真剣さと腹の括りがなければ、ほんとうの意味で夫を自分と向き合わせることなど無理なのだと思う。良くも悪くも「本気」しか伝わらない、それが夫婦なのではないか。

篤子さんから起こしたその真剣勝負は3ヶ月間に及んだ。週に1、2回の頻度で持たれた話し合いは決裂の連続だったからだ。しかしその中で篤子さんを動かしたのは夫の言葉ではなく、日を追うごとに変化していった夫の向き合う姿勢だった。

「もちろん夫はできれば避けたいわけで、すべて私の求めに応じる形ですよね。たとえば私の中で感情的な高ぶりがあったりしたときに話し合いを求める。でも子どものいる前ではできない。そうすると今だったらとても考えられませんが、仕事を放棄してまで家に帰ってきて何時間でも話し合う。そういう具体的な行動で彼の向き合おうとする気持ちの真剣さは伝わってきました」

家で落ち着いて話せないときには車を走らせながら話し合ったこともある。何度も何度もだ。その中で篤子さんは自分の正直な思いをぶつけ、夫もまた妻の思いを受けとめようとした。ものすごくエネルギーの要る作業だ。

「ずっと押し込めていた自分の感情を、離婚ということに向き合ったときに初めて相手にさらけ出すことができた。でもそのときに夫がまたいつもの嫌味かぐらいに捉えて聞いていたら、間違いなく離婚していたと思う。長年夫婦でいると、相手が真剣に聞いているか耳の中を素通りしているかわかるんです」

ほんとうの意味で「話を聞く」というのは、実はやってみるとすごく難しい。自分の主観や判断を加えずに相手の気持ちだけを「ただ聞く」ということを私たちはふだんほとんどしていない。事実、夫婦でも親子でもあらゆる人間関係の不満は「自分の気持ちを聞いてくれない」という欲求不満ではないかと思う。少なくとも夫に対する妻たちの不満の9割はそうだ。逆を返せば、相手の話をほんとうに聞くことができた時点で、最悪の危機からは半分脱しているのだと思う。

ただし、どちらも自分に対して正直であることが大前提になる。正直でない会話など意味がないし、互いの立つ位置がわからなければ歩みよることはできない。篤子さんが立ったのは「今後も浮気をやめないなら私はノーだ。離婚する」という一点であり、最後までそこが争点になっている。つまり結婚生活を続けるなら浮気はやめろと妻はつめよったのであり、夫は最後まで「イエス」とは言わなかったのである。

「夫には、私に確約するだけの自信がなかったんでしょうね。いい意味でも悪い意味でも、自分のスタイルを曲げてまで妻にその場限りの許しを請うというふうには思わないタイプの人間なんです」

良いも悪いもない、自分自身に誠実なのだ。そしてその誠実さで夫は最終的な譲歩案を出してきた。どうしても離婚しかないというなら離婚はする。そのかわり自宅もあげるし生活の面倒もすべて自分が見ると。つまり篤子さんに再婚するつもりがないのであれば、離婚はしても父親としての役割はずっと果たしていきたいというのである。中学時代から彼を見てきた篤子さんにとって驚きはしたが、彼らしい選択でもあった。もちろん離婚するのにこれ以上の条件があるわけはなく、その方向で具体的に話を進めていった。それが一転、篤子さんから離婚を白紙に戻したのはなぜなのか。

「たぶん情の部分でしょうね。3ヶ月の間に彼なりに苦しんでいる気持ちもわかったし、得意先からも『社長、なんかあったんですか』と聞かれるくらいに違っていた。何より自分がためこんでいた感情をきちんと夫にぶつけたことで、ちょっと私の中で区切りがついた。最後の最後で気が済んだというか」

心の中にためこんでいたものをすべて吐き出す。それだけで「何かが変わる」ことはほんとうにある。しかしそれを受け止めるのは生半可ではない。プロのカウンセラーでさえもぐったり疲れるほどヘビーな作業なのだ。まして自分の非を責められながらのその時間は修験道の荒行にも等しかっただろう。

最後の最後まで、夫は逃げなかった。それが愛でなければ何が愛なのだろう。

そして最後の最後、夫が妻に出したのはぎりぎりの譲歩案だった。

「最大限の努力をする」

それが浮気をしない努力なのか、浮気はするが妻のテリトリーを侵害しない努力なのかはお互いに詰めていない。

「浮気をしないと言われても私は信用しませんから（笑）。夫もそう思ったでしょうし、唯一私を説得できると思った言葉が『最大限の努力』だったんじゃないでしょうか」

離婚は相手の生き方を否定する行為なのだろうか。その部分もある。でも実際には自分のこれまでの生き方に対する否定であり宣言なのだと思う。


もうこんな生き方はうんざりだ。

被害者意識で自分を憐れむのもたくさんだ。

強がるのも自分を見張るのも疲れた。

誰かの機嫌をとるのもこりごりだ。

そして、自分はもっと幸せになっていい。


それを自分に許可する。許可できるのは夫ではなく自分しかいないからだ。

そしてそういう妻の姿に、夫は初めて敬意を持つのかもしれない。

それぐらい近しい関係において人が人に敬意をはらうのは難しいのだと思う。

「自分自身に対する宣言というのはありましたよね。もう嫌だ、自分に正直に生きたいんだって。それは今も変わらないし、逆にいうと今もあのときのことを単純には水に流していないんです」

当時のような痛み方はしていない。でももう一度ああいう思いを味わうことを考えただけでひどく嫌な気持ちになる。傷がうずくのだ。

「そういうことも含めて離婚しないという選択は今は正解だったと思う。向き合ったことで新しいガイドラインができた。もしまた私を決定的に傷つけるようなことがあれば今度は弁解を待たずに離婚する。それは夫にも言ってありますし夫もそれはしないと言っている。ただ先のことはわからない。先のことは保証がないですから」

蛇行して行く道のその先は見えない。たしかなのは、これまで夫と歩いてきた道のりだけだ。そして篤子さんにとってそれはそう悪くないものだったのだろう。

「つねに女にだらしない夫に泣き暮らしていたわけではないので（笑）。たしかに離婚しなかった大きな理由は、その他はすべて基準点を越える夫だからですよね。仕事においても家庭人としても私はかなり評価している。で、今の僕があるのは君のおかげだということをつねに言ってくれる。それがまた騙されてしまうところなんですが（笑）」

最大限の努力。

何であれ、できることはそれしかない。そして自分なりの最大限の努力を認めて評価してくれるのが家族という「味方」なのだと思う。社会は努力したかどうかではなくつねに結果を求めるからだ。

今のところ夫の「最大限の努力」は守られている。

第3章

冷たい記憶

「忘れないですね、弱ったときのあの冷たさだけは……」

妻が夫に求めるのは「温かさ」だと思う。

ひとつの言葉、ひとつの眼差し、肩におかれる手のひらに感じる温かさだ。

それは魂に記録され、その記憶があらゆる不満や問題を乗り越える力になる。

だから夫の温度にはとても敏感になる。


『婦人公論』という雑誌の読者ページに2人の専業主婦からの投稿があった。

42歳の主婦は夜中に耳元で「おい、吐いたぞ」と怒鳴られて目を覚ます。隣で寝ている風邪ひきの3歳の息子が吐いたから始末しろというのだ。あわてて息子を抱きかかえて風呂場に連れていき、シーツの吐しゃ物を始末する。その間、夫は背中を向けて寝ているふりをしている。着替えさせた息子を連れてくると「もう大丈夫だよ、気持ち悪かったね」とこのうえなく優しい口調で言い、妻への労《ねぎら》いの言葉はひとつもなかったという。

もうひとりは認知症の実母を介護する62歳の主婦。深夜に暴れてわめきだした母親をなんとかなだめて寝かしつける。心も体もくたびれはて、水を飲みにリビングに行くと思いがけずに夫がいて「お疲れさん」と言ってぎゅっと抱きしめ、背中を優しくさすってくれた。夫の肌の温かさで「蓄積されていた心と体の疲れが溶けていった」

という内容だった。

背中を向けて寝たふりをする夫と、起きてきてリビングを暖めながら妻を迎える夫。２人の妻が感じたあまりの温度差。この記事を読んでいるはずの42歳の主婦の気持ちを思うと胸がふさがる思いだった。

離婚した妻の話を書くときに一番つらいのは「冷たい離婚」だ。いわゆる飲む、打つ、買うというあきらかな非ではない。お金の不自由もさせない。でも心も体も冷えきって温まらないのだ。

とくに自分が弱ったときの夫の冷たさは氷のトゲとなって心につきささり、いつまでも溶けない。

そのうち夫を見る顔つきまで凍えてしまうのだ。

妻たちがつきつける離婚届はリベンジではない。凍死寸前になっている自分を温める唯一の救済策なのだと思う。

期待しては踏みにじられるという残酷

「離婚する理由ってひとつのことじゃない。長い年月の中で積み重なったものですよね。言葉にすればもう同じことを繰り返したくない。それが今回離婚を決めた思いなんです。27年間、もう一度、もう一度って何度も期待して、そのたびに踏みにじられて。もう同じことは繰り返したくない。もうこれ以上傷つきたくないんです」

「くれない族」という言葉が新語・流行語大賞の銀賞に選ばれたのはバブル前夜の84年だった。『くれない族の反乱』（ＴＢＳ系）という人気ドラマから広まった言葉だが、一般的には「夫は何もしてくれないという不満を抱える甘えた主婦たち」として処理され、時代はバブルに突入してしまう。そこから20数年がたち、妻たちの「くれない」はその真意を夫たちに理解されないまま大熟年離婚時代を迎えたのである。

妻たちの「くれない」はたったひとつなのだと思う。妻が何を欲しているのか、何に飢えているのか、いくら訴えても夫がそれを「わかってくれない」ことだ。ものとして形として「こんなに与えているじゃないか」と夫は言い、妻はそのたびにあきらめとため息を深くする。妻が欲しているものは具体的な形やものではないのだということが、夫にはどうしてもわからない。

妻は夫に何を求めたのか。そしてどんな瞬間にその望みを自ら断ち、離婚を決意するのか。熟年離婚のひとつの真相を語ってくれたのが阪田弥生さんだった。


弥生さんは52歳。24歳のとき商社に勤める3歳上の夫と恋愛結婚をした。その後脱サラして起業した夫を支えながら、26歳、22歳、10歳になる3人の息子を育ててきた。結婚28年目、離婚はまだしていない。夫に離婚を申し入れようとしていた昨年夏、友人から「ちょっと待て」と言われ、07年春から年金分割制度が始まることを知らされたからだった。

「今回の離婚を考えるきっかけになったのは2年前、ひどい腰痛で動けなくなったときに言われた夫の一言でした」

結婚は事故のようなものだが、離婚は事件と似ている。「長い年月の中で積み重なったもの」という背景があり、しかしそれだけでは起こらない。起爆剤となる「何か」、しかもひとつではなくいくつか重なったときに起こることが多い。弥生さんの場合も、離婚が決定的になるまでの3つの衝撃があった。そのひとつ目が結婚25年目に起きた腰痛事件だったのである。

「夫は自営業で時間は自由になるので病院の送り迎えはしてくれました。子どもたちのごはんも作ってくれた。でも、優しさはなかった」

　ある夕方、痛くて居間のソファで寝ていると食事ができたぞと夫から声がかかった。近くを歩かれてもその振動で痛むほどの腰痛だ。ゆっくりと体を起こしながら四つんばいの状態までできたとき、激痛が走ってそのまま動けなくなった。痛さに声も出ない。様子を見にきた夫は妻のその姿を見るとキッチンに戻っていった。ゆっくりと起き上がろうとしているのだ、と勘違いしたのだろう。しかししばらくして戻ってくると、まだ四つんばいの状態でいる弥生さんを見てこう怒鳴った。

『何ぐずぐずやってんだよ』

「泣けましたね。どうしたの？　痛いの？　動けないの？　という言葉はなかった。たまらずに三男が言ったぐらいです。パパ、ママ動けないんだよ、泣いてるよって。夫は言葉ではわかったふりをするんです。おれが悪かった、こんなだめなパパでごめんねってすぐに謝る。でもだから何？　次がないんですよ、それで終わり」

　これは重いからおれがやろうか、とか、ゴミ出しはおれがやるからなという言葉が出てこない。弥生さんから翌朝のゴミ出しを頼んでおいても起きてこない。しかたなく弥生さんが出していると「おれがやるのに」と慌てて出てきて、近所の主婦たちに「いやあ女房が腰を悪くしたんで大変なんですよ」と話しはじめる。

「ああ、また始まったと思って。冷めた目で見ちゃいますよね。外ヅラがものすごくいいの。近所でも優しくていいご主人で通ってます」

しかしつねに本性は出てしまう。2週間たっても治らない妻の腰痛について、夫は診察室でこう主治医に泣きついたという。

『先生、女房の腰はいつ治るんですか、僕もう2週間も子どものお弁当作っておさんどんしているんですよ。これがいつまで続くんですか』

「私の体を心配してじゃない。大変なのは自分で、自分はどうなるんだと。主人のその姿を見てしらけましたよね」

しらける。これは末期的な感情だと思う。怒り、悔しさ、悲しさ、寂しさ、そういったものをすべて通過した後に残る最後の感情だからだ。何かをあきらめた静かな怒りであり寂しさなのである。

「27年間の結婚生活の中で、主人は何度も入退院をしたんです。病気で半年間入院したことも、大きな交通事故で入院したときもあった。どのときも子どもをおんぶして、手を引いて、大きな荷物を持って、遠くの病院まで毎日のように通ったんですね。それなのに私がちょっと動けなくなったらこれかって。いったいこの人は私の何を見ていたんだろうって。今回、真剣に離婚を考えたのはこのときからですね」

ひとつやふたつの失言ぐらいで妻は離婚を考えてしまうのか、と思うのは間違いだ。企業の不祥事と同じで、うっかりたまたま起きたのではなく体質的な問題なのであり、たいていは繰り返されてきているからだ。

「パパは僕たちを点でしか見ていないよね、と息子たちはよく怒っていた。試験勉強していて10分休憩をとる。そこにたまたまやってきて『何で勉強しないんだ！』と叱る。人には事情があるのに、そこを聞かずに目の前にある現実だけを見てもっとこうしろと叱る。でも、そのとおりなんです。子どもたちを送り出してお掃除もお洗濯もすませて、ようやく一息ついて座ったところにきて『何遊んでいるんだよ』と。頭痛がひどくてソファに横になっているところにきて『何やってるんだよ』って。どうかしたのか？　がない。ほんとうにお話ししたらきりがないくらい、いろいろなことがありました」

妻の記憶力の良さに辟易している夫は多い。オウムのように聞いた言葉をそのまま覚えてしまうのにはまいるねと。違うのだ。覚えたのではなく、心に刻みこまれてしまう。それほど傷ついたのである。とくに自分が弱っているときに夫から言われた言葉は生涯忘れない。

「そう、忘れられないですよね。しかもうちの主人のたちが悪いのは、一方ではすごく口がうまいんですよ。実はこれまでに3度、精神的な限界にきて離婚を申し入れたことがあるんですが、そのたびにうまいこと言われて騙された。泣き落としがうまい、もうそれは見事です。ほんとうに役者だと思いますよ。でも、戻ってはまた踏みにじられて傷ついて、その繰り返しだったんです」

でも今回だけは何があっても動かない、と弥生さんは言う。この1年で想像もしなかった夫の狡猾なやり口が、そして夫との老後の生活が、はっきりと見えてしまったからだ。

「経済的には何の心配も不自由もなくこれました。でも夫婦として、家族として幸せな時間ってなかった。だから2年前に夫がリタイアすると言ったとき、今まで持てなかったその時間が少しは持てるのではないかという期待があったんです。でも蓋《ふた》を開けてみたらとんでもなかった。ああ、これはだめだなって。主人という人間と、その老後の人生がはっきり見えてしまったんです」

結婚してから13年間は大手商社の企業戦士の妻だった。後半の13年間は脱サラした起業家の妻として公私ともに夫を支えてきた。そして1年前、成功していたその会社を夫は突然やめて、悠々自適なリタイア生活に入った。しかしどのときも、けっきょく夫は変わらなかったという。

「仕事に関しては有能な人だと思う。人の3倍働くし事業も成功させて、その意味では尊敬します。でも家の中ではただの暴君だった。つねに自分が中心でないと気がすまない。指図するのは大好きで指図されるのは大嫌い。すべて命令口調で、部下とか従業員を扱うように家族を扱っていたんだと思う」

24歳で結婚してからの10年間、弥生さんは夫に口答えしたことがなかったという。結婚したと同時に夫から徹底的に「教育」されたからだ。

「今思うとマインドコントロールですよね。おまえは何をやってもだめだ、おまえはおれが教えてやらないと何ひとつできないしおれの言ったとおりにやればいいんだと。それを言葉と態度で徹底的に植えつけていく。言葉の暴力でプライドをつぶされていって、押さえつけられていた。だから怖くて何も言えないんですよ、これを言ったら何て返ってくるんだろうと思うと」

夫から頼まれたことをひとつでも間違えると、そこから延々と説教が始まった。夫にしてみれば「できないことを教えただけ」なのかもしれない。しかしやっていることはサル山のボス猿にとても近い。人格ごと否定する言葉で「だからボスであるおれの言うとおりにしていればいいんだ」と叩き込む。そしてそういう「教育」を妻にしたがる夫は実は少なくない。

「夫が怒るたびに傷つけられる、それが怖い。だからつねに先回りして、気をきかせて、あれもこれもしておかなければって。そういう緊張感がつねにある生活でした」

しかし口答えはしなくても離婚は2度、申し出ている。

「最初に離婚を考えたのは結婚してわずか半年です。そのときは主人ではなく姑のいじめに耐え切れなくなった。当時は主人の実家のすぐ近くに住んでいたんですが、一人息子の主人を恋人のように思っている姑からさんざん意地悪されていた。そのうち近所中に私の誹謗中傷をしてまわるようになって、もう限界だと思い仲人を入れて離婚をしたいと申し入れたんです」

ところがその話し合いの最中に姑のガンが見つかり離婚どころではなくなった。半年後に姑は亡くなり、前後して夫の転勤が決まったことですべてがうやむやになってしまったという。2度目は、転勤先で生まれた長男が2歳をすぎた頃でお腹には子どもがいた。そんな状況であっても離婚を考えるほどの壮絶な孤独、それが離婚する理由だった。

「寂しかったですね。見知らぬ土地にきて初めての子育てをする、そのときに夫はまったくいない。早朝に家を出て帰宅は2時か3時。休日は昼の2時すぎまで寝ていて、起きてきても本を読んだり自分の好きなことだけをして過ごしている。夫婦のコミュニケーションはないし、子どもと遊ぶこともしない。そんな生活に耐えられなくて、離婚を前提に長男を連れて半年間、実家に戻ったんです」

朝から晩まで、会話もまともに成立しない子どもと2人きりで過ごす時間の長さ。夫の転勤の内示ひとつでゼロから築いてきた人間関係のすべてを失う虚しさ。その孤独の深さは経験してみなければわからない。「私と仕事とどっちが大切なの？」という妻の言葉の裏にどれほど深い孤独が貼りついているか、夫には想像もできないのだろう。

「私も主人にその言葉を言いました。家族よりも仕事のほうが大事ならあなたは家庭を持つべきじゃなかったとも言った。それに対して主人は、おれは早く生活を安定させたかった、男としての地位を築きたかった、はっきり言って仕事がおもしろかったと言っていました」

正直な言葉だろう。そして妻の疑問と不満はそこにある。仕事と家庭と、いったい夫にとってどちらが目的でどちらが手段なのかと。

「とにかく戻ってほしいと、過激な仕事を縫って毎週のように実家に通ってきましたよね。とにかく口がうまいんです。実家に戻ってすぐにお腹の子どもはだめになってしまったんですが、それも全部自分の責任だって男泣きして。君のショックはわかる、その償いは一生かけてする、そのためにはとにかく仕事で見せるしかない……って、よくよく聞いていると自分のために帰ってきてほしいんですよ。仕事に没頭したいのに、妻がいないと生活が不便なんですよね」

それでも戻ったのは情が半分、あきらめが半分だったという。結婚するときに世話になった夫の友人や、面識もない夫の上司の妻からも「反省しているから戻ってやってほしい」と説得の電話が相次いだ。営業一筋で人を動かすことが得意な夫らしい戦略だった。弥生さん自身、最愛の母親を亡くした悲しみに堪えて仕事に頑張っている夫に対する同情もあった。しかし何より弥生さんの心を動かしたのは、夫の父親としての後悔と懺悔《ざんげ》の深さだったのだ。

「駄目になった子どものことで自分を責め続ける。おれが仕事ばかりしていておまえを気遣わなかったからこうなった。すべておれが悪い。おれはなんてひどい父親なんだと。べそべそ泣きながら呪文のように繰り返す。『そんなに自分を責めてはいけない』って、こっちが慰めて支えなければいけないようにもっていく。だからうまいんです。それはもう見事なパフォーマンスなんですよ。それにまんまと騙されてきた自分がほんとに今は悔しいです」

戻った家にはまったく変わらない生活と夫が待っていたからだ。平日の帰宅は午前様で、休日は家族の存在を無視するかのように自分の好きなことをして過ごした。家事と子どもの世話で弥生さんがてんてこ舞いしていても素知らぬ顔。それどころか忙しく動き回っている妻に平気で自分の用事を言いつけて優先させた。

「独立してからはそれが毎日になった。変わったのは平日でも起きてくるのが遅くなったこと。休日は変わりなし。だからうちの息子たちは父親に遊んでもらったことが一度もないんです。キャッチボールしてもらったことも、休日に釣りや動物園に連れて行ってもらったこともない。唯一家族で出かけるのは旅行だけで、それで十分に家族サービスしたと夫は思っている」

たしかに贅沢な家族旅行は何度もした。ファーストクラスで行く海外旅行も、豪華客船のスイートルームの船旅もさせてもらった。どの旅行も夫が言うように「ふつうの子どもには経験できない」ほど素晴らしかった。でも家族はちっとも楽しくなかったのだ。

「主人は旅行好きで、とくに旅行プランを立てるのが大好きなんです。プランニングから旅の支度までの過程を全部楽しんで、出発するときには本人の中では終わっている。あとは旅先で家族がそのプラン通りに動いてくれるのが楽しみ。ここを見て家族が驚く、感動する、そうやって自分がイメージしたとおりのリアクションを家族がしてくれたら120パーセントの大満足。家族はそれにつきあわされているだけなんだと、それに気づいたのが10回目の旅行あたりでしょうか」

旅先でも荷物を持たされ、アゴで使われ、指図どおりに動かされておもしろくも楽しくもなかった。それでも弥生さんは「夫なりに頑張ってくれているんだ」と感謝すらしていたという。でも、弥生さんが欲しかったものはまったく違うものだったのだ。
「休日に家族でサイクリングに行ったり、近所を散歩したり、公園でお弁当を広げたり。ずっと欲しかったのはそういう家族らしい時間だった。それはさんざん夫に伝えてきたことなんです。でも言ってもわからないの。おれはこんなにしてやっているのに何が気に入らないんだって」

夫自身、父親に遊んでもらった記憶がなかった。地元の名士だった夫の父親もまた優秀な企業戦士で出張が多く不在がちだったからだ。今でも夫は父親には敬語を使い、頭が上がらないという。
「でも時間ではなくて気持ちなんですよね、足りないのは。5分でも10分でも子どもと遊ぶことは十分にできる。夫婦もそうです。ふだんはすれ違いの生活でも、夫婦が同じラインに立って同じ方向に進んでいれば寂しくないんです。たとえば子どもに問題が起こったときでも、夫婦が同じ方向を見て子どもを後押ししてあげるとかアドバイスしてあげるとか。でも主人はつねに上に立ってものを言う、子どもの相談をしても『だったらこうすればいいだろ』と指示されてしまうんです」

夫婦が同じラインに立つ。そのためには何が必要だったのか。そう尋ねると、弥生さんは「記憶」だと答えた。

「2人で共有したささやかな時間というか。たとえば夕食後に一緒にベランダに出て同じ夕日を見る。一緒に庭の草むしりをするのでもいい。そのときの景色とか空気とか静かさとか。ものや形ではなくて共有してきたそうした記憶が最終的には夫婦をつなげていくんだと思うんです」

27年間、弥生さんにはその「記憶」はまったくない。だからこそ2年前、夫からリタイアする話を聞いたとき、弥生さんは反対することもなく夫に提案している。散歩でもゴルフでも草むしりでも、2人で一緒にできることをこれからはしたいと。夫も「わかった」と言ってくれた。そしてその期待は見事に裏切られたのだ。

午後遅くに起きてきてまだ明るいうちからお酒を飲み始める。家族を無視した生活は相変わらずで、三男の学校の送り迎えひとつしない。そのうえ地元の名士会の役員を引き受けるとその雑用を妻に押しつけてきた。

「それはないでしょうって断ったら逆切れされた。その姿を見たとき、あ、なんか先が見えたなって思ったんです」

腰痛事件から見えた夫の冷たさ。そしてリタイア生活から見えたのは夫との寂しい老後の生活だった。しかし離婚を決定的にしたのはそのどちらでもない。長男から聞かされた夫の驚愕の本音だったのである。

「聞いたときはもう目の前が真っ暗になりました。ショックでした。夫はそんなふうに考えていたんだって」

半年前、離婚を考えていると伝えた母親に、長男は言いにくそうにこう言った。

『ママがいくら別れる、別れるって言ってもパパはできっこないと思ってるよ。だって和也（三男）が生まれたとき、酔っ払っておれにこう言ってた。これでもうあいつは一生おれから逃げられないよって』

長男が知っているのはそこまでだ。しかし弥生さんにとっては、この言葉はあってはならないある真実を示唆していた。

「子どもを身ごもった日ってわかるんです。3人とも、離婚するしないの大喧嘩の後なんです」

新婚半年で姑のことで大喧嘩した後に妊娠したのが長男だ。流産の後、実家から戻った直後に妊娠したのが次男だった。そして次男も手が離れてきてそろそろ離婚の準備ができると考えていた矢先、やはり大きな喧嘩をした後のセックスで妊娠したのが三男だったのである。

「主人がわざと避妊しなかったとまでは考えたくない。でも喧嘩の後の子どもという繰り返しは本当で、今思うと彼の中の仲直りの手段はいつもセックスだった。それしかコミュニケーションの術《すべ》を持っていないのか、それともセックスさえすれば女房の機嫌なんて簡単に直るものだと思っていたのか。どちらにしてもすごく寂しいですよね」

セックスをすれば妻の機嫌は直る、その結果子どもが生まれてしまえば妻は子育てに忙しくなり離婚をあきらめる。よしんばそういう考えが夫のどこかにあったとしても、それをわが子に話す無神経さは理解できない。そして息子の口からそれを聞かされた不快感と衝撃は弥生さんのすべてを打ち崩した。

「主人に説得されてそのたびにやり直そうと一生懸命に頑張ってきた結果がこれかって。けっきょく口のうまい主人に騙されてきたんだなと」

どんなに忙しいときでも夫はセックスだけは求めてきた。弥生さんも必ずしも嫌々応じてきたわけではない。しかしお互いがそこに求めるものの違いは、年齢と体を重ねるごとにはっきりしていったという。

「自己中心的なパフォーマンスは上手ですよね。でも、そこに心があるかどうかというのは、長年一緒にいるとだんだんわかってくる。よく夫婦喧嘩してもセックスすれば仲直りできるって、あれは夫側の話だと思うんです」

むしろ妻はいろいろな疑念を深めていく。これでいいのだろうか、と。

「夫婦にとってセックスってとても大事だと思う。でもセックスという行為そのものに夫婦をつなぐ力があるとは思わない。母性だって子どもを産んだから出てくるわけじゃなくて、毎日スキンシップしてコミュニケーションしているうちに生まれてくる。夫婦もそうだと思う。日常的なコミュニケーションがとれていないのにセックスだけしても、だんだん虚しいというか苦痛でしかなくなってくるんですよ」

夫の体と密着していることがだんだん嫌になってくる。早く終わってほしくて演技をしているうちに、セックスは気がつくと「おつとめ」になっていた。拒めば夫は不機嫌になり、別なところで当たってくるからだ。弥生さんのこの言葉は多くの妻たちの声と重なるのである。

「ただ、腰痛事件からセックスは完全に拒否している。私の最後の砦なんです。いろいろなことが自由にはならない。だからここだけは屈したくない。唯一、嫌なものは嫌なんだと意思表示できるのがセックスなんです」

家事は完璧にやるがセックスは拒否する。そういう妻は少なくない。それを「うちの妻はセックスが嫌いで……」と思うのは美しい誤解かもしれない。意識するかどうかは別として、妻たちにとっての最後の砦はたしかに自分の性だからだ。

「本当に受け入れたくない。とくに『これで逃げられない』というあの言葉を聞いてからはとてもじゃないけど無理です。寝室も別にして夫が訪問してきても断固として拒否しています」

まだ小学4年生の三男をバリケードとして横に寝かせている。しかしその様子に不穏なものを感じたのか、夫は次なる手を打ってきた。「最後の砦」に対抗する最終兵器だ。突然、舅と同居すると言い出して庭に離れを増築したのである。

「三男のときと同じですよね、介護が必要な舅がきてしまえば逃げることはできないだろうと。もちろんその手には乗らないよと。今回は離婚を考えていることはおくびにも出しませんが、私はあなたの父親の介護まではできませんからって言いました。何でそんなこと言うんだって。すごいびっくりしていた。妻は自分の体の一部か何かだと思っているんでしょうね」

自分の体の一部であれば自分が考えたとおりに動くはずなのにおかしい、と。ここにきてやっと夫は体の異変に気づくのである。

作戦変更――とりあえず父親には住み込みの女性ヘルパーをつけ、妻には外出するたびに電話やメールを頻繁に送ってくるようになったという。

〈こんなダメな夫でごめん〉

〈いつもお世話になります。愛しているよ〉

商工会で香港旅行に行ったときには夜景の写メールが送りつけられ〈ロマンチックな気分です……〉とあった。

「よけいむかつく。いまさら遅いよって。この人、どこまで人を甘く見ているんだろうって思いますよね」

もう同じことを繰り返したくない。弥生さんのきっぱりとした口調がよみがえる。今度こそ、と弥生さんが離婚を決意した理由のすべてだ。姑にでもなく、夫にでもない。それは自分自身への宣言のように聞こえる。

「そうです。夫がリタイアしたことでいわゆる定年後の生活、老後の人生までが見えてしまった。この人は変わらないんだ、だとしたらまた同じことを繰り返さなければいけないのかって。そう思ったときに『もうやめようよ』と思う自分がいた。3回繰り返して、まだ同じことを繰り返すつもりなのかと。そう、繰り返すことが一番怖いんです」

弥生さんは何を繰り返したのか。期待して裏切られる、その繰り返しの中で深く傷ついていったのだと思う。ただし、その期待は「くれない族」のないものねだりや物欲しげな期待ではない。弥生さんが、離婚を選ぶ妻たちが最後まで捨てられなかった期待とは何なのだろうか。

「人のために動くのは好きですよ。でも踏みにじられてまで尽くす必要はない」

与える喜びを女性は本能的に知っている。自分自身を与えて胎児を育《はぐく》み、乳を与えて赤ん坊を育てる崇高なる性なのだ。だとしたら妻たちが期待するものは見返りではなく、与える喜びという報酬なのだと思う。

与える喜びとは何なのだろう。相手の笑顔であり、嬉しそうな顔であり、ありがとうの一言だ。それがそのまま記憶として刻まれる。その記憶がなければ妻という名の「家政婦」と変わらない。やっていけないのである。

別の世界に生きていた夫と私

「おまえさ、離婚とか考えたことある？って。今思うと、離婚の発端はほんとに主人のその一言だったんですね。忙しく家のことしているときに聞かれたので、そりゃあるわよって軽く答えたら、ええーっ！　みたいにものすごく驚いたんです、主人が。私のほうがびっくりですよね。え、この人ってほんとに何にもわかってなかったんだなって」

よもや妻が自分との離婚を考えているなど思いもしない夫は多い。妻がやせ細ろうとあきらかに元気がなく向精神薬を飲んでいようと、まさかその原因が自分だと思わない夫もいる。だから妻が離婚を考えていたという事実を知って動転する。動転する夫に妻は仰天する。そしてこの互いの「ええーっ！」が離婚のゴングになることがある。良くも悪くも、真実を「知る」ことで心が、現実が動きだすからだ。

「そこから主人が取り乱してしまって。おれは離婚なんて考えたことがなかったとか、メールでよこしたりする。仕事の合間に『おまえがそんなふうに思っていたなんて、悪かったな今まで』とかって泣きながら電話をかけてきたり。しかたないので、じゃあちょっとゆっくり話をしようかと時間をとったんですが……そこからはもう驚きの連続でした。あれだけ私は傷ついたのに、この人はまったく自分が悪いなんて思っていないんだって」
西田優美子さん（42歳）。3年の交際をへて24歳で結婚、現在14歳と12歳になる2人の息子がいる。1年間の別居の後、昨年秋に調停離婚が成立したばかりだ。4つ上の夫は大手建設会社に出向するフリーの技術者で手取りの月収が80万円という高収入だった。妻にも子どもにも気難しい要求はしないかわりに、夫として父親として家族に積極的にかかわることもしなかった。時間もお金も、家族にではなく自分のために使いたがる人だったという。しかし離婚した理由はそこではない。

夫の冷たさ。優美子さんが離婚を選択した理由はひとつだ。それが骨身にしみてわかるまでに17年かかった。それでも夫の言葉をきっかけに話し合いを繰り返した1年間、最後の最後まで、心の中では夫婦として生き直せる可能性を探していたという。

「でも最後は疲れきって離婚したというのが正直なところです。話し合っても話し合っても話がつながらない。どんどん夫がわからない人になっていって」

夫が「わからない人」になっていく。何を考えているのか、どういうことが嬉しくてどういうことを悲しがるのか。この人にとって夫婦って何なのか。いや、そもそも夫にとって私は何なのだろうか。夫の言動が自分の理解を越えるたびに、優美子さんが感じたものは強烈な孤独だった。

「とくに私の体調が悪かったり精神的に弱っているときの、そういうときに感じる冷たさですよね。なんでこういうときにこの言葉が出るんだろうとか、その逆もある。私から見るとほんとうに変わっている人というか、最後まで理解できなかった人間ですね」

優美子さんがもっとも理解できなかったのが「ぎっくり腰事件」だ。子どもの兄弟げんかを止めに入ってぎっくり腰になってしまったとき、夫は同じ部屋でテレビを見ていた。しかし痛みで動けなくなった優美子さんにかけよるでもなく、四つんばいになりながら病院に行ってくると告げても「ああ、じゃあ行っておいで」と言うだけだった。さらに病院から戻ってぎっくり腰だったことを伝えると「何やってんの」と笑ったというのである。

たしかにわからない。しかしもっとわからないのは、なぜこのとき優美子さんが夫に頼らずに自力で車を運転して病院に行ったのかである。

「あきらめていたんです、頼ってもこの人は助けてくれないだろうって。長男を産んだあたりからずっと夫のそういう冷たさを感じてきていたので」

実は、第一子の出産後から優美子さんは原因不明の偏頭痛に悩まされるようになった。ひどいときには医師から処方された薬を飲んでも吐いてしまい、病院で点滴を受けないと痛みがひかないときもあった。這いつくばるようにして赤ん坊のミルクとおむつ替えだけはしても食事の支度まではとてもできない。しかし仕事から帰ってきた夫にそのことを話して詫びると、必ずこう聞かれた。

『で、おれは何を食べればいいわけ？』

大丈夫か？　という言葉はなかった。だから何なの、おれの食事はどうなるの？　というニュアンスに、冷たさとともに自分が怠けているように見られていることを感じたという。自分のつらさをわかってもらえない寂しさ。しかしやはりそこでも夫にそのつらさを訴えることはしていない。そこに優美子さんの妻としての罪悪感があるからだ。

「たしかに奥さんとしてふつうのことができない自分が悪い。言われてもしかたないという気持ちがある。でも体調が悪いからできないことが怠けているように見られていると思うとつらかった。もしかしたら私がそこでコンビニ弁当を買いに走るとか、出前をとるとかすれば夫は満足だったのかもしれない。でもそれはしたくなかった。だから実家に電話して主人の食事をもってきてもらうしかできなかったんです」

優美子さんの実家は歩いて10分のところで小さな食料品店を営んでいた。娘の体調を心配する両親は、優美子さんからのSOSには全面的に協力してくれた。頭痛がひどくて病院に行くときも、電話一本で父親が車でかけつけてくれる。寝込むほどひどいときは家にきて子どもの面倒も見てくれる。しかしそれが夫と実家との確執を生むことになったのである。

「何か困ることがあると私が実家のほうを頼るようになってしまって、生活の中に私の親が入ってくるようになる。それが気に入らなかったみたいで。体調が悪いことを責められることはないんですが、なんで何かあるとおまえんちの親が出てくるのかと、それはかなり言われました」

親にすれば娘がこんなにつらいのになぜあの男は何もしてくれないのかという思いが出てくる。発作といってもいいほどのひどい頭痛だったのだ。家事や育児を手伝うとか、せめて自分で弁当を買って帰るぐらいの優しさがあってもいいのではないか。ましてぎっくり腰の娘が重たい灯油缶を運んでいるのを見れば「亭主は何をしているんだ……」となるのは当然だろう。しかし自分に向けられるそうした視線がますます夫にはおもしろくない。

「ほんとうは夫に頼りたい。自分がほんとうに困ったときとか寂しくてしかたないときに相談したり頼りたいのは夫なんです。でも頼れる雰囲気がなかった。それは日々の生活の中で感じることでほんとにささいなことの積み重ねとしか言えないんですが。頼んだところで何を言われるか予測がついてしまうんですよね」

「だから何？　おれの飯はどうなるわけ？」というのが夫の基本的なスタンスだった。少なくとも優美子さんにはそう感じられるのである。一方、両親はつねに娘の立場にたって思いやり、気遣い、助言し、手を差し伸べてくれる。困ったり弱ったりしたときにどちらに助けを求めたくなるかは考えるまでもない。しかしそのことで夫と両親との間に確執が生まれたことは、優美子さんの苦悩をさらに深くする。なぜなら自分の体調が悪くなるまで、夫と両親はとてもいい関係だったからだ。

「うちの両親は夫をとても可愛がっていたんです。うちは女ばかりの3人姉妹なので息子ができたみたいに喜んで。それくらい夫も両親を大事にしてくれた。そういうところにとても好感を持てたし、この人となら結婚してもうまくやっていけるという思いもあったんです」

交際中、夫は毎週のように休日にやってきて両親の営む食料品店の力仕事を手伝ってくれたという。「僕にも手伝えることありますか」と自分から相手の懐に飛び込んでいく明るさと気さくな性格が優美子さんの家族から愛された。一人暮らしだった夫の食生活を心配した優美子さんの母親の提案で、平日も仕事帰りによっては家族と夕食をともにしていたという。

「今から思うとほんとに別人のようでした……」

優美子さんと結婚したいがためのアピールも多少はあったかもしれない。しかし問題はそこではなかった。

「結婚して半年後にできた子どもを流産してしまったんです。そのときも、病院にかけつけて一緒に泣いてくれた。ちょうど仕事のつきあいでゴルフに行っている日で、おれがゴルフなんかに行かなければもっと早く病院に連れて行ってやれたのに、おまえにこんな思いをさせずにすんだかもしれないのにって」

つまり、夫はもとから「わからない人」ではない。妻の悲しみや痛みを感じ取り、それを自分の悲しみや痛みと重ねて、妻と分かち合う感受性は持っている。それを表現することもできる人なのだ。その夫がひどい頭痛で動けない自分に「で、おれは何を食べればいいわけ？」と言ったとしたら、それは悪意としか受け取れない。しかもその冷たさは優美子さんの頭痛の発症とともに現れたのである。

「ほんとにそこからなんです。夫が変わったのを感じたのは。長男が生まれたときまでは一緒に喜んでくれた。でも、子どもを連れて家に帰ってきてからは私の生活が180度変わってしまった。一日のほとんどを赤ん坊の世話にとられるし、頭痛で体調も悪くなってしまって。そのときに一番夫に支えてほしかったわけですが、何もしてくれなかったんですね」

ぎっくり腰のときの病院も、灯油缶を運ぶのも、たしかに頼めば「じゃあいいよ」と動いてくれたとは思う、と優美子さんは言う。しかし頼まなかったのは、後から必ず「してやった」という態度をとられるからだ。何よりそれは「おれが食わせてやっている」という態度になって現れていたという。

「長男を妊娠したときに大事をとって勤めていた保険会社をやめたんですが、そこからおれが食わせてやっているという態度が出るようになって。一度、それを言葉にして出されたことがあるんです。テレビや冷蔵庫をひとつひとつ指差しながら、これもあれもおれのお金で買ったんじゃないかと言われたんです」

ことの発端は優美子さんが自分の貯金で買い換えた新車に傷をつけてしまったことからだった。そのときの「でも自分のお金で直せるから大丈夫よ」という言葉に夫はかちんときたらしい。車はおまえの持ち物なのかと言いだし、だったらこのテレビもあの冷蔵庫もおれのお金で買ったんじゃないかと言いはじめたのだという。理解できない反応だった。

「何でそういう話になるのか……何かすごくいたたまれなかったですね。私もハードな職場にいたので、仕事をしてお金を稼ぐことが楽でないことはわかっています。でも、私だって家で遊んでいるわけではない。夫の中に主婦は楽して遊んでいるという感覚があるのかなって。そう思うとつらかったですね」

本音を言えば仕事はやめたくなかった。しかし子どものことを考えるとやめざるをえなかった。妻として家事だってきちんとこなしたい。でも頭痛がひどいときはやりたくてもできない。そのジレンマを抱える優美子さんにとって「おれが食わせてやっている」という態度は傷口に塩をすり込まれるような痛みになる。しかしそのことが夫は「わからない」のだ。

「ささいなことだと言われればささいなことなんですね。実際、私もその場ではあまり気に留めなかったりもする。でもまた別のときに同じようなことが起こると、そういえばあの時もこの時もこの人はそうだったって。でも私は本当はこうしてほしかったのに……というのが自分の頭の中だけでぐるぐると回っている」

でも……の部分は夫に言えない。受け入れてくれる雰囲気がなければ言っても傷つくだけだからだ。そうして「ささいなこと」が塵のように積もっていき、あるとき気づくと夫がまったく「わからない人」になっている。多くの離婚がそうだと思う。離れていく一方の夫婦の距離を縮めるチャンスはあるのだろうか。ある。しかしそれはまた、夫婦の溝を決定的に広げてしまう出来事にもなりえる。肉親の死だ。

「父の死は大きかったですね。この人の冷たさってこういうところなんだと、あらためて嫌っていうほど思い知ったのが父の死の後でした」

4年前の春、優美子さんの父親が自宅で倒れた。大動脈瘤が破裂し、母親からの電話でかけつけた優美子さんの目の前で父親は息をひきとったという。そのショックで葬儀がすむまでは放心状態だったが、母親の憔悴はさらに激しかった。優美子さんは母親を支えたいと夫に頼んで実家での同居にふみきった。しかしその同居生活の中で骨身にしみたのは、やはり夫という人の冷淡さだったのだ。

「母親が泣いていると私も一緒に泣いてしまっていたんですが、それを見て『いつまでも死んだ人のことを思っていたってしょうがないじゃん』とぽろっと言えちゃうんですよね。まだ家の中にお線香の香りが漂っていて思い出すとぽろぽろ涙がこぼれてしまうような時期なのに。母親が泣き崩れていても言葉ひとつかけてくれないし、仏壇にお線香一本あげてくれることもなかった」

百歩譲って、元気づけようとしたつもりがかえってデリカシーのない言葉を言ってしまうことはある。しかし流産したときには一緒に泣き崩れてくれた夫なのだ。優美子さんがそこに感じたのは「いつまでも親離れできないやつだ」という夫の自分に対する非難だったという。

「もともと親を思う気持ちが違うんですね。私は育ててくれた親に対してすごく感謝の気持ちがある。親が困っていたら何でもしてあげたいという気持ちが強い。でも夫は親が子どもを一人前に育てるのは当たり前だという考えなんです。価値観の違いだからしかたないんですが、でも母親を支えようとして空回りしちゃっているときに、何やってんのこいつという見方をされていたのはすごく悲しかったですね」

価値観が同じでなくてもいい。ただ父親の死から何とか立ち直ろうともがいている自分を見守ってほしかった、と優美子さんは言う。自分がどんなに悲しくてもまず、母親を支えなければならなかった優美子さんにとって「大丈夫か」の一言が心に染みる。「つらいな」という言葉で慰められる。良くも悪くも自分が弱ったときの夫の言葉を妻たちは一生忘れないのだと思う。

「それでも私は離婚は考えてなかった。ただもう夫に期待してもダメなんだってあきらめがついて、家のことや母親のことをちゃかちゃかとやっていたんです。そういう私の姿に何か感じるものがあったんじゃないでしょうか。そのときに聞かれたんです。おまえ離婚なんて考えたことがあるのって」

それが離婚へといたる長い話し合いの出発点だった。「もちろんあるよ」という言葉に夫は動転し、その反応に優美子さんは仰天した。しかしそれは初めて自分の気持ちを夫に伝えるチャンスとなり、初めて夫と向き合う機会にもなった。ところが、話し合いの中で明らかになっていくのは、自分と夫がまったく別の世界の中で生きていたらしいという真実だったのである。

「ああいうことがあったでしょう、こういうこともあったでしょうって。そういうときに将来のことを考えるとやっぱり離婚したほうがいいのかなって思ったこともあるよって。具体的な例を出して話をしたんです。でもどれに対しても夫から返ってくるのは同じ言葉だった」

『はあ、それは考え方の違いだな』

『おれはしてきたつもりだよ』

それ以外の言葉はなかった。具体的にどう考え方が違うのか、自分としてはその時にどういうことをしてきたつもりなのか、そうした釈明や主張は何もなかった。まして「なぜおまえはそう思うのか」と優美子さんの気持ちを知ろうとする姿勢はなかった。

「そんなふうに思わせちゃった全体に対しては悪かったな、という言い方はしてくれた。でも細かいエピソードについては一貫してそれは考え方の違いだとしか言わない。ぎっくり腰のときも笑ったじゃないと言うと、うーんでも、おれはそれなりにしてやったつもりだけどなって。だからほんとうに何かしたつもりでいるんですよね。もしかしたら私が病院に行っている間に子どもの面倒を見てやったじゃないか、そういう世界なんだと思うんです。もっともっと小さなことで『おれはしてやった』と思っているのかもしれないなって」

あるいは「だったら頼めばよかったじゃないか、そうしたらおれはやってあげたよ」という気持ちもあるのかもしれない。しかし頼んでしてくれたとしてもそこに優しさが感じられなければ、まして「してやっている」という態度が感じられたら、それは「何もしてくれなかった」ことと大差はないのである。松葉杖をついて目の前に立っているのに席を譲ってくれない人に、自分から頼みこんでやっと席を譲ってもらったとしても、親切にされたとは思えないだろう。

「別に謝ってほしいわけじゃない。わかってほしいだけなんです。そうか、おまえはそういう考え方なのか、そういう気持ちだったのか、なるほどおれとは考え方が違うけどわかったよと理解を示してくれたらそれでいいのに、考え方が違うよなで終わられちゃうとそこから先がないんですよね」

向き合おうとするとシャッターをおろされてしまう。それでは、優美子さんが夫の考え方を理解することもできない。何のための話し合いなのかわからなくなる。しかもそこから夫の不可解な行動が始まった。

「家に帰ってこなくなったんです。最初は週に1日だったのが2日になり、最終的には金曜日の夜に帰ってきて月曜日の朝からまた帰ってこない。仕事が忙しいから会社やカプセルホテルに寝泊りしているという説明でしたが、あきらかにおかしい。アパートを借りて単身赴任のような形をとりたいというのでお金を渡してもいっこうに借りた形跡がない。聞いてもころころと言うことが変わるんです」

何を聞いてもほんとうの言葉が返ってこないことへの疲れで、女性の存在を疑う気持ちすらおきなかったという。なし崩し的に別居という形にはなったものの、そこから先も断続的に話し合いは続いている。

「ほんとうに何度も何度も話し合いをして。私は自分の気持ちをわかってほしくてどうしても熱く語りますよね。わかってもらえたらやり直せる、その望みは最後まで捨てられなかった。でも夫から返ってくるのは同じ。おれはおれでやってきたつもりだけど、おまえは何もしてくれなかったと思ってるんだろうって。だったらしょうがないなという感じですよね」

つまり「おれは考え方を変えないよ」と言っているのだ。だとしたら残される道は2つしかない。優美子さんが考え方を変えるか、離婚を選ぶか。優美子さんが選んだのは後者だ。それも財産分与も養育費もゼロという過酷な条件での離婚だった。

「私は私でいたい、最終的にはその思いで離婚を選んだんです」

私は私でいたい。実はそう思わせてくれた2人の男性がいる。ひとりは夫その人であり、もうひとりはインターネットのチャットで出会った「親友」だった。

家に帰ったらお風呂がわいていて、食事ができていて、子どもたちをちゃんと育ててくれている……夫が自分に求めているのはそれだけなのかもしれない。そうした漠然とした疑問を持ち始めたのがいつ頃だったのか、優美子さんは覚えていない。しかしその疑問がくっきりと形になった日のことは覚えている。夫が切り忘れていたパソコンのチャットの内容を覗いてしまったときだ。父親が亡くなる少し前のことだという。

「その2、3年前から私も夫もそれぞれパソコンにはまっていたんです。夕食が終わるとそれぞれ自分のパソコンに向かうという毎日で、そのころからお互いに干渉しない生活だった。夫がチャットにはまっているのはキーボードを叩く音でわかっていたんですが、あるとき夫がパソコンの電源を落とさずに出かけて、その記録が残っていた。何気なくそれを覗いてものすごいショックを受けたんです」

チャットの中で夫はある女性とセックスの話題で盛り上がっていた。自分はセックスのときはこうするああするという「卑猥な話」から、一度会って試してみないかと女性に誘いまでかけていた。

「ショックでした。女性とそういう会話をしていたことではなくて、ああ私は夫から女として見られていなかったんだって。うちは下の子どもを産んでからずっとセックスレスだったんです。私も自分から誘うことはしないし、夫もそういうことからは卒業しちゃったんだと思っていた。子どもができた夫婦はそういうものなんだろうと私も不満にも思わなかった。でも、夫は今でも性欲のある男で、でもその性欲を私に向けることはない。夫にとって私はもう女ではない、もしかしたら奥さんでもなくて、子どもの母親であり家政婦なのかもしれないって」

しかし次の瞬間にわいてきたのは怒りではなく「じゃあ私って何なんだろう」という自問だった。優美子さんが受けたショックは夫が女性と性的な会話をしていたことではなく、いきなり「私とは何なのか」という深いところを直撃したのである。

「外では誰々ちゃんのお母さんですよね。家の中では家政婦のようにごはんを作ってお風呂わかして片づけをして。じゃあ母親でも家政婦でもない西田優美子という私の存在ってどこにあるんだろう。誰がそれを認めてくれているのかしらって。そう考えたらほんとに誰もいなかった。そこから私という存在を誰かに認めてほしいという強烈な欲求が出てきたんです」

優美子さんはその「誰か」をチャットの世界に求めた。もともと優美子さんにチャットのおもしろさを教えてくれたのは夫だったという。それまでは「パソコン」や「映画」などのキーワードで検索したチャットに参加していた優美子さんだが、このとき初めて「地域限定」という条件に絞りこんだ。求めているのは趣味や食べ物の話ではなかった。しかし顔も名前も知らない人たちとの「会話」で、はたして「私という存在」を認めてもらうことなどできるのだろうか。

「顔も見えない文字だけの世界だから、むしろ感情がもろに出るんです。声にして言うのがためらわれる気持ちや言葉が、文字だと言えてしまう。逆に、顔も名前も知っている相手だから話せないことのほうが多いですよね。たとえば幼稚園のお母さんといくら仲良くなってもこういう話はできない。相手にとって私はやっぱり誰々ちゃんのお母さんで、そのうえでの会話しか私はできなかったんです」

いったいどちらの世界がよりリアルなのか——優美子さんの話は私にそう問いかけてくる。名前、顔、年齢、職種や肩書き、自分との関係性とその利害、そうした余計なデータを総合して他人を認識して、そのうえで話を聞く。それがリアル＝私たちが現実と呼んでいる世界だ。一方、チャットや掲示板サイトなどのネット世界では、そこにあるのは文字になったその人の「心」だけだ。たとえ職業や年齢、性別が書かれていてもほんとうか嘘か確かめようのない世界だから、とりあえずのハンドルネームのような重みしかない。それをバーチャルだと指摘する人は多いが、はたしてそうだろうか。

「たしかにいくらでも偽れる世界ですよね。たとえば35歳の男性と話しているつもりでも本当は80歳のお爺さんかもしれない。女性かもしれない。職業もパイロットにも弁護士にも好きなように書けてしまえる世界ですから」

35歳ではなく80歳だったら、弁護士ではなくフリーターだったら、何かが変わるのだろうか。「彼」の言葉の価値は下がるのだろうか。プロフィールを重視するリアルな世界ではそのとおりだ。でもほんとうは「誰が言うか」ではなく「何を言うか」なのではないか。

「そう、母親でも妻でもない自分の気持ちを聞いてほしい。西田優美子、今考えていることはこうなんです、ということが言える。それをわかってくれる誰かに会いたかった。だから相手の性別とか年齢とか職業はまったく関係なかったんですね」

基本的にチャットは数名のグループで始まり、その中から気の合った者同士で個人的にチャットすることもできる。優美子さんもそこで2年以上も「会話」を続けることになる親友と出会った。相手は40代のサラリーマンで既婚男性だった。

「たまたま彼も父親を亡くしたばかりでお互いにそんな話から始まって、ほんとうに支えてもらいました。多いときは毎日、ふつうで週に2回とか3回とか。日時を決めてパソコンに向かって会話する。昼間はよくても夜になると父親を思い出して寂しくなる。そんなときパソコンを開いてその気持ちを話せる。ああ、誰かに聞いてもらうとこんなに気持ちが落ち着くものなんだと思いました」

父親の死、母親への心配、夫に対する葛藤や寂しさ、仕事の資格をとる夢。顔も知らない異性に向かって優美子さんは自分の気持ちを何でも話すことができたという。それは彼が否定することも、逆にわかったつもりの共感もせずに、ただ聞いてくれたからだという。

「変にそうだよねって共感するんでもなく、もっとこう考えてみなよという説教がましいアドバイスもしない。ただ聞いてくれて、最後に私の気持ちを尋ねてくれるんです」

たとえば優美子さんが夫に対する葛藤や不満を文字にしてぶつける。それをすっかり聞いてくれた後で、こんな問いかけをしてくれる。

『話してみてどう？』

『少しはすっきりした？』

『何かいい方法はあるかな？』

「私の気持ちだけを聞いてきてくれるんですね。自分はどうしたいの？って。母親だからとか妻だからということではなくて、今自分は何を一番したいの？　そういう問いかけをしてくれるのがすごく嬉しかったんですね」

自分が今何を感じて、何を考え、何を求めているのか。聞いてほしいのは、わかってほしいのはそこだけだった。母親を支えながら父親の死を乗り越えるときに、文字だけの彼とのやりとりがどれほど支えになったかわからないと優美子さんは言う。

「大丈夫だよっていうその人の言葉にどれほど安心して涙したかわからない。大丈夫、大丈夫っていうのがその人の口癖なんですが、その言葉だけですごく落ち着く。もちろん、ほんとうはそれを夫に望みたいんですよね。だからその人から癒されていくぶん、夫の冷たさがよりはっきりと目についてくるんです」

それがささいなことで爆発した。雨の日、泥にはまって夫の白い車に泥はねをつけてしまったときの夫の「おまえ馬鹿じゃないの、頭使って運転しろよ」という言葉に優美子さんの何かが切れた。「なんだかすごく嫌になってしまって」優美子さんはお財布を持って家を飛び出した。たった一度、チャットの男性と会ったのはこの日だった。

「とりあえず新幹線で京都へ行ったんですが、そこからどうしたらいいかわからなくなってその人にメールしたんです。とにかく最終の新幹線で帰ってきなさいと返信がきて、新幹線の駅についたら待っていてくれたんですね」

そのまま車の中で夜を明かした。「大丈夫だよ」と繰り返しながら泣きじゃくる優美子さんの背中を一晩中さすってくれた。それ以上のことは何もなく、朝になってそれぞれ自分の家に戻ったというのである。

「たぶん誰も信じてくれませんよね。でもそうなんです。2年もチャットが続いたのも、お互いに男女を意識しなかったからですよね。もしどこかの時点でそういう方向に会話が流れるようなことがあったら、たぶんそこで終わっていたと思うんです」

夫にとって家政婦でしかない自分は人間としても価値がない。そこまで追いつめられていた優美子さんを彼は女としてではなくひとりの人間として肯定した。そのままの自分でいいと思わせてくれたのも彼だ。しかし最後まで捨てきれなかった「やり直したい」という優美子さんの望みを断ち、自分の尊厳とひきかえに離婚を選ばせた男性は、やはり夫その人だった。

夫の冷たさ。優美子さんが離婚する理由はひとつだった。しかしそれを選択させたのは夫の冷たさではない。夫から与えられた強烈な屈辱感だったという。

「今でも水に流せないですね。あの人はそういうことをしたんだというのが残っている。これだけは一生残ると思う」

お金の話だ。別居中の生活費は毎月夫からの手渡しだった。夫はもったいぶってテーブルの上にお札を扇形に広げた。そして受け取る優美子さんの態度が気に入らないと「態度が悪いから今月は半分にする」と平然とお札を減らしたという。

「ショックだった。屈辱的でした。でもそのお金がないと生活していけない。子どもは私学に通っているし私がパートに出て働いてもわずかな金額しかもらえない。自分でも非力さを感じていたところだったので何とも言えない気持ちでした。同時にこれは無理だなと。すべてを水に流して一からやり直そうと努力してもここで必ずひっかかるなと思った。こういう彼のやり方は必ずまた起こるだろうし、私はそれに耐えられないと思ったんです」

おれが食わせてやっている。テレビも冷蔵庫もおれのお金で買った。すべて根っこは同じだった。どうしてもお金の力、経済力というもので優位に立とうとする。優美子さんが最終的に養育費をあきらめたのもそこだった。

「初めは月に10万は払えると言っていたのに、それが6万になり4万になり最後はうちの親は払わなくていいと言っていると言い出した。ころころ変わる夫にすごく疲れて。それに振り回されてエネルギーを使うのも嫌だし、後でまた払ってやってるみたいな態度をとられるくらいならいらないやって思ったんです」

手取りで80万もとる大の男が自分の子どもの生活費を惜しむ。パートでやっと3万円を稼ぐ妻はそんな夫を見切って潔くすべてを引き受ける。そして空っぽの貯金通帳を見て自分にこう言い聞かせる。さあここからだ、と。この差は何なのだろう。

「大変ですよ、生活はすごく。でも絶対に負けない。そう思わせてくれたのもまたもや夫なんですが」

離婚後、夫との共通の友人が心配して訪ねてきた。その友人から「泣きついてきたら養育費を払ってやるつもりでいる」と夫が言ったと聞かされたからだ。

「寿命が縮まっても絶対に頼るもんかと、あらためて腹が括れた。子どもに私立をやめさせてでも今住んでいる実家を売ってでも、夫に援助を求めるなんて絶対に嫌だって。すごく強くそう思えたんです」

今手伝っている実家の食料品店は大型スーパーに押される形で閉店し人に貸すことになっている。店の整理がついたらすぐに職探しだ。生活の不安はある。でも精神的にはすごく自由になったという。

「変わりましたね、すごく。今、ほんとに自分に正直に生きたいと思っている。離婚してみてわかったんです。結婚していたころは世間体とかつまらないプライドとかですごく自分を縛っていたなって。夫に対してもつねにブレーキをかけて言いたいことを飲み込んでいた。まわりに合わせてけっきょく自分を殺していたんですね。でも今は私は私でいたい。それで世間から間違っていると言われてもいい、それが私だから」

でも、ほんとうは……と優美子さんは最後につけ足した。

「ほんとうは離婚しないでそういう気持ちになれて前に進んでいけたら一番良かったんですけどね……」

第4章

性・無視される妻、道具にする夫

「女として生まれて、このままでは終わりたくない……」

初めて離婚した女性の本を書いたときに強く印象に残った言葉がある。なぜ離婚に至ったのか、そこにどんな葛藤と苦しみがあったのか、そのときの感情の流れを何時間もかけて語りつくし録音用のテープレコーダーを止める。そのときふっと思い出したように「でも……」と付けくわえられる言葉だ。

「今ふと思ったんですが、もし、もし私たちに良いセックスがあったら……離婚まではいかなかったかもしれない……」

彼女たちの離婚の原因はそれぞれだ。浮気、借金、性格の不一致など表向きの原因はちゃんとある。しかし潜在的にはもうひとつ、セックスの不満という根深い問題があったのだと思う。

性的に満たされない、つながれない不満。セックスレスだけではなく、多くの離婚には潜在的に性の不満が隠れているのではないかと思う。理屈でも感情でもないそこは本能的な領域だからだ。

事実、離婚がテーマの取材で性的に充足している妻に出会うことは滅多にない。性生活の話になるとほとんどの妻の顔が曇るか、あきらめの表情に変わる。セックスがないことが不満であり、あることが不満なのである。彼女たちが感じているその不満をひとつの言葉で表すなら「無視」と「道具」だった。

セックスレスでいうなら、セックスという行為がないという事実にではなく、そのことで苦しむ自分を完全に「無視」しようとする夫に深く傷つけられる。セックスがある、または頻繁にある妻たちは、夫との愛の感じられないセックスを「おつとめ」と感じている。あくまでも自分本位な夫、拒むと不機嫌さをあらわにする夫、早く終わってもらうための演技。そんな夫のセックスをどこかで「処理」と感じている妻は少なくない。自分は夫が性欲を処理するための「道具」なのではないか、と。

しかし彼女たちの夫はお気楽にこう言う。

「うちの女房はセックスがあまり好きじゃないから」

「いまさら女房となんて恥ずかしくてできないよ」

そして妻たちは思う。

「このままでは終わりたくない」と。

そしてその思いをそのまま、行動にうつすことができるのが今の時代に生きる妻たちだった。

リビングでパソコンを起動するだけでいい。出会い系サイト、合コンサイト、出張ホストのサイト、大学の先生が主催するセックス奉仕隊なるものまである。

セックスをするためにではない。自分がたしかに女であることを確認するために妻たちは出かけていく。しかしそれだけではない。

知らない男とセックスすることで彼女たちは自分についての何かを確信する。その瞬間に、離婚を決意するのである。

男を買って知った「真実」

「私はセックスレスが原因で離婚しました、でももう一度女として求められたいから再婚したい、ということをある主婦向けサイトの掲示板に書いたら批判レスが殺到したんです。あなたに母親としての資格はない、子どもがかわいそう、ご主人に子どもを渡すべきだ、挙句のはてにはあなたのような女に母子家庭の補助をするのは血税の無駄遣いだとまで言われて。もう少し共感してもらえるかと思っていたのでびっくりでした。だって出張ホストを買ったことは書かなかったんですよ。それでも同性からこんなに批判されてしまうのかって」

妻であり母親である女はこうあるべき。女性をその狭い場所へ閉じ込めようとするのはほかならぬ主婦たちだ、と加納梨津さん（37歳）は言う。たしかにこれが夫向けサイトの掲示板ならまず起きない論争だろう。自分の感情や欲望に正直になることを「悪」とする主婦はまだまだ健在だ。しかし一方で結婚生活はキープしつつ、出会い系サイトや主婦合コンという場で自分の女の部分を表現しようとする妻たちも増えている。梨津さんはそのどちらでもなかった。出張ホストを買うという荒業で6年間のセックスレスの苦悩に終止符を打ち、同時に夫との離婚を選択している。

「いえ、ホストを買うまでは離婚なんてまったく考えていませんでした。かなり理想に近い夫でしたし。それが6年ぶりにしたたった1回のそのセックスで、がらがらと崩れていった。あ、私にはこんなにもこれが必要だったんだと。気持ちいいよりすごく幸せだった。同時に夫に対するものすごい怒りがわいてきた。6年間、何度訴えても私にこの幸せをくれなかった。私を女でないみじめな生き物にした。許せないと思った」

28歳で結婚、8年間に及ぶセックスレスを理由に離婚して1年半になる。結婚するまでに梨津さんは7人の男性と恋愛しているが、どのときもセックスは「狂おしく求められて与えるもの」だったという。しかし結婚してその立場は逆転する。求めても与えられるのは屈辱だけだった。長男を妊娠するまでの2年間でセックスした回数は片手で足りるほど、妊娠したセックスが最後になった。それでも前述の「事件」まで、離婚という選択肢は考えたこともなかったという。

「もちろん寂しさやつらさはありました。でも怒りはなかった。セックスはないけど十分に幸せな家庭だ、自分は幸せな妻なんだと言い聞かせていたからです」

事実、グラフィックデザイナーをしている夫はまわりがうらやむほど理想的な夫だった。収入もよく結婚後ほどなくマイホームを購入した。自宅で仕事をしながら家事も手伝う。妻の話をよく聞き子育てにも積極的に参加し、お風呂は必ず家族3人一緒に入った。「会話というコミュニケーションは豊かでした。話していても楽しいしすごく会話のはずむ相手だった。人間的にも穏やかで誰にでも優しい。素晴らしい人だと思う。パートナーとしては申し分のない相手だった。とくに離婚してからいろんな男性を見たときに、あらためて感じた。なんて素晴らしい人と離婚したんだろうかと（笑）」

それでも、離婚したことに後悔はまったくないという。そのすべてと引きかえにしても自分が欲しいものを梨津さんは知ったからだ。

考えてみると夫は交際中から淡白だった。初めてセックスしたのはつきあって2ヶ月がすぎたころでそれも梨津さんから誘う形だった。その後も頻繁に求めてこない夫を「私を大事にしてくれている」と思っていたが、結婚しても夫は一向に求めてこない。それとなく甘えたり雰囲気作りをしても一向に届かなかった。

「もちろん何度も話し合おうとしました。でもその話にふれるだけで露骨に不愉快そうな態度をされて」

温厚でふだんは何でも聞いてくれる夫が腕組みをし体を斜めにして貧乏ゆすりを始める。妻の言葉に相槌も打たず質問しても返事もない。「聞いてる？」と確かめるとふだんとは別人のような低く太い声で「ああ?」「なんだよ?」と拒絶のオーラを出した。狼狽し、しどろもどろになりながらも「どうしてなのか、どうしたらいいのか」と聞くと、夫は億劫そうにため息をついた。

「仕事で疲れてそんな気力が残らない、そうやって責められるとよけいする気がなくなる。最後には、おれの友達はみんなもう性欲なんかないって言ってるぞとまで言われて」

進展のない話し合いでもそこにかけるしかない。セックスレスになって3年目、何度目かの話し合いで「どうして求めないの?」と聞いた梨津さんに、夫は大きなため息をついてこう聞き返したという。

『おまえは何でそんなにやりたいの?』

最後の切り札。そんなにセックスしたがるおまえのほうがおかしい、と暗に言ったのだ。そして子どもが2歳をすぎた頃、ある決定的な事件が起きた。

「思い切って夫の布団に入ってみたんです」

飛び上がるほど驚いた夫から返されたのは「もう君は母親だろ、自分の立場をわかってくれよ。なっ」という信じがたい言葉だった。

「立場って何? 母親になるって女を卒業することだったのかって」

ショックで体が硬直し涙をぽたぽたと落とした梨津さんを見て、夫はため息をつき「わかったよ。今度の週末な」と言って背を向けた。しかし3年ぶりだったその「週末」はさらにさんざんな結果となった。

「3年ぶりに一緒のお布団に入り3年ぶりに乳房や性器に触れられた。でも指を当てているだけという感じでキスさえしようとしない。私から唇を寄せても舌も入ってこなかった。それも途中で『やっぱり無理。おれ勃たないよ』とやめてしまって。夫は嫌がったけどかまわず私はフェラチオした。あんなに必死に時間をかけてしたのは初めてでした」

しかし変化は起こらず、夫は「もういいよ、やめて」と妻の肩を乱暴に押しのけて部屋を出て行った。夫のプライドがどれほど傷ついたかは想像できる。翌日からセックスの話題は避けたが、このまま終わってしまうのも嫌だった。だから2ヶ月後、さりげなく切り出したのだ。あのとき触れ合えてとても嬉しかった。この前の続きをしたいと。

『勘弁してくれよ。この前わかっただろ、おれもう勃たないからさ』

正直な思いだろう。ひりひりするような必死さが伝わってくる。しかし3年間苦しんできた妻もまた必死だった。だったら病院で……と言いかけた梨津さんに夫は致命的な言葉を投げつけた。

『おまえはいつまで発情してるんだよ！』

「夫はEDだったと思う。それがどれだけ男のプライドを傷つけるかもわかる。でも私だって傷つく。この日からもう私は母親としてだけ生きていこうと決めたんです」

母親としてだけ生きる。それは自分の中にいる「女」を殺して生きるという選択だった。そしてまだ自分の手の中にいる一人息子にのめりこんだのである。

「恋人のように熱中しました。つねにそばに置いてスキンシップして一緒に遊んで。育児中の母親の誰もが求める自分の時間なんて欲しくなかった。まわりのお母さんからも呆れられるほど、完全な母子密着ですよね。でも理性ではいけないとわかっていてもやめられない。寂しくていられないし、息子を溺愛していれば自分が女であることを忘れられた」

あるいは夫にもそう見えたかもしれない。母性が全開になったぶん妻の女の部分は落ち着いたのだろうと。違う。手の甲をつねって歯の痛みをごまかしても痛みそのものはなくならない。事実、息子を溺愛する一方で梨津さんは精神のバランスを崩していった。

眠れない。笑えない。体が動かない。息子が寄ってきても笑顔で応えてあげることさえできなくなる。最後は理由もなく泣き出すようになり、神経科で「軽いうつ」と診断されて薬をどっさり処方された。そんな妻に夫は「子育てに頑張りすぎたんだよ」と労《ねぎら》い、的確なアドバイスをしようとしてくれたという。

「でも何も言わずに抱きしめてくれたほうが私にとってはずっと嬉しかった。一時、快楽に溺れさせてくれたら気持ちは晴れたかもしれない」

何がそんなにつらいのか？　梨津さんがほしかったのはアドバイスという「答」ではなくその「問い」だ。解決策よりも理解なのだ。

何がそんなにつらいのか。それをずばりと指摘した人がいる。梨津さんの母親だ。

「あんたは病気なんかじゃない、欲求不満なんだよと。言われたそのときはぴんとこなかったんです。優しい夫と可愛い息子に囲まれて自分は幸せなんだと言い聞かせていたし、ほんとにそうだと思っていたときだったから」

自分はいったい何がそれほどつらいのか。梨津さんがその答えを見つけたのは、出産を機にやめていたライターとして復帰した現場だった。

「編集者を初めさまざまな職種の男性と接触する。ときめく男性がいるわけじゃないのにこんなに気持ちが華やぐ自分に驚くと同時に、私が充実して生きるためには男の存在が不可欠なんだと気づいたんです」

しかし夫はとうに男を放棄している。だとしたら……相手は夫でなくてもいい。考えたこともなかった支線へと心が動いた瞬間だった。

「出張ホストを選んだのは女としての自信を完全に失っていたからです。夫からも抱かれない女が相手にされるはずがない。こんな私が誘ったら気持ち悪がられるだろうって、それぐらい自信を失っていた、卑屈になっていたんです」

小柄でくりくりっとした瞳。同性の私から見ても梨津さんは男性から好まれるタイプの容姿をしている。しかし当時の梨津さんは「見る影もなかった」と笑う。母親として生きようと決めてからは自分をかまわなくなり、そのぶんが食欲にいき結婚前より10キロも太っていた。自分が「客」であれば年齢にも太った体にもコンプレックスを持つ必要はない。しかしそれ以上に彼らでなければならない理由が梨津さんにはあった。

「セックスするなら手が届かないようないい男でなければ意味がなかった。そうでなければ癒されない、回復できないほど傷ついていたから。夫のようなおじさんにも相手にされない私がそれ以上の男に抱かれようと思ったらお金を払うのは当然でしょうと。その代わり若くてとびきりいい男を選びました」

インターネットの女性用風俗サイトには「なぜこんな子が？」と驚くようなジャニーズ系の若い男の子たちが並んでいる。指名も事務所を通さずに直接本人にメールすることができる。メールというツールが「男を買う」という抵抗感を薄めてくれるのだ。

36歳だった梨津さんが「カタログ」から選んだのは24歳のコウジと名乗る男の子だった。日に焼けた肌と短く刈り込んだ髪型。渋谷のハチ公前広場で落ち合い、大胆にもそのまま円山町のラブホテルに直行した。決死の覚悟で臨んだもののホテルに入ると緊張と不安で歯はガチガチと鳴っていた。しかし抱きしめられたときの男の肌の温かさ、腕のたくましさにめまいを覚えたという。

「彼が入ってきたとき、長いあいだ仮死状態にあった自分が息を吹き返したように思えた。罪悪感はまったくなかった。そんなものに負けるような浅い飢えではなかったから」

男に抱かれることがこんなにも自分を幸せにしてくれる。それを確認した瞬間、駆け上がってきたのは夫への猛烈な怒りだった。なぜ自分は6年もの間、無視され傷つけられてみじめな思いをさせられてきたのかと。その思いのすべてを夫に話して離婚を申し出たのは2度目に男を「買った」日の夜だった。

「お金を払ってでもセックスしてよかった。私には男に抱かれることが必要だとあらためてわかった。6年間も私に指一本触れようとしなかったあなたが許せない。私を女でない、みじめな生き物にさせたあなたを絶対に許さない」

泣きながら訴える妻に夫は「夫婦にとってセックスがすべてじゃないと思っていた」「そこまで君を追いつめたのはおれのせいだ」とだけ言い、離婚を受け入れたという。

そこからさらに2ヶ月半、離婚の手続きをしながらも梨津さんは週に1、2回のペースで男たちを買い続けた。使った総額は50万。まさに女としての自分を生きなおすためのリハビリだったという。

「彼らのおかげでスタートラインに立てた。女としての自信を徐々に取り戻して異性との接し方もなんとなく思い出して。それと私、その2ヶ月で10キロ近く体重が落ちたんです。ダイエットしたわけでもないのにセックスだけで。やっぱりセックスって大事なものなんだなと思いました」

そして06年6月、そのすべてを赤裸々に書いた『求められない女』（WAVE出版）を上梓した。そのなかでも梨津さんは出張ホストである彼らの存在を「私のヒーロー」として全肯定している。

『瀕死状態にあった私の中の女は若い彼らに救いを求めたことによって再び息を吹き返した。死なずにすんだ。女に戻ることができた』と。

隣にいる妻の瀕死状態に夫はほんとうに気づかなかったのか。おそらくそうなのだろう。自分のプライドとコンプレックスを守るために妻の中にある「女の顔」から目をそむけ続けていたからだ。しかし家族とひきかえにしてまで夫は何を守ったのだろうか。必死で守ろうとしたそのプライドとコンプレックスにもっとも苦しめられたのは夫自身なのではないか。

それにしてもなぜ離婚だったのか。最後まで残る疑問はそこだった。

父親としてもパートナーとしても理想に近い夫なのである。子どもを愛し妻である自分のことも大事にして思ってくれる。唯一夫が与えることのできないもの＝セックスを外で補うという選択肢もあったはずだ。事実、そういう足し算が得意な夫たちは世の中にたくさんいる。

「離婚しないで隠れて外でうまくやるという選択肢はなかったですね。もしそうしていたらセックスできない夫をもっともっと嫌悪してつらく当たってしまったと思う。出張ホストというお金の関係でさえ夫を嫌悪したぐらいですから、特定の男性ができたらもっとひどかったと思う。それに自分は女として生きたい、そのためにも自分にはセックスが必要なんだという気づきが自分の中で決定的なものになっていた。月並みな言い方ですが、パンドラの箱を開けてしまったら後戻りはできなかった」

たかがセックスがないだけで離婚するのか？　離婚した理由を話すと主婦である女友達の多くはそう驚いたという。あんなものなくてもいいじゃないという友達もいた。優しい夫も可愛い子どもも好きな仕事も持っているのに贅沢すぎる、とも言われた。梨津さんは彼女たちの意見を否定していない。ただ自分はそう思わないだけだ。

「妻、母、女でいうなら、こんな私でも絶対に捨てられないのは母の部分なんです。子どももはやっぱり自分の命なんですよね。でも同時に女である部分も捨てたくない。だけど妻なら捨ててもかまわない。女に復帰するために妻であることが足かせになるなら、妻を捨てても惜しくない。そう思えたから離婚したんです」

ものすごく欲しいものとまったく要らないものがはっきりしている。そのぶんものすごく欲しいものが得られないときの欠落感とストレスは強くなる。

女でいたい。セックスをしたい。梨津さんがものすごく欲しいものだ。しかしそこに求めるのは性欲でも快楽でもなかった。

「セックスレスで別れた、ホストを買ったと言うとよほどセックス好きで奔放な女だろうと思われるのかもしれないですが、ぜんぜん。性欲も強くないし快楽重視でもない。セックスが好きなのではなく女として求められるのが好きなんです」

たとえ相手が早く終わっても「それだけ気持ち良かったんだ」と思うと嬉しい。むしろ長いほど自分の体が良くないのかと落ち込むという。独特な基準だ。

「性欲や快感だけならばバイブでもマスターベーションでもいい。でも私はどんなに下手でも求められるほうが嬉しい。そこはすごくはっきりしている」

夫はそれを知っていたのだろうか。私がそうだったように彼もまた梨津さんが欲しがっているものを勘違いしていたのではないだろうか。

「そうですね。たとえセックスができなくても、日常的にハグしたり好きだよっていう言葉があったら別れていなかったと思う。女として扱ってくれて女としての自信を持たせてくれていたら、離婚まではいかなかった」

しかし夫は8年間、その逆のことをした。スキンシップを求める妻を不快なものを見る目つきで拒絶し、徹底的に無視し、ひどい言葉で黙らせることで妻をズタズタに傷つけてきた。何のために？　ただ自分のプライドを守るためにだ。自分のプライドが傷つくことが怖かったからだ。そうしてボロボロになった妻の姿から目をそらし自分の問題に背を向け続けた。それが梨津さんに離婚を選ばせた本当の理由だろう。

「治療の方向を考えてくれるとか、一言でも詫びてくれて、君のせいではなくて僕の問題なんだと言ってくれたら、違ったと思う。たんにセックスしたかったから別れたわけじゃない。治療するなら協力したし、それでもできないあなたはダメとは絶対に言わなかった。パートナーとしては続けられたと思うんです」

プライドとコンプレックスの狭間で苦しみ続けたのは梨津さんも同じだった。しかし少なくとも梨津さんは自分のそこと戦った。傷つきながらも勇気をふり絞って自分の気持ちを夫に伝えた。セックスを求め、話し合いを求めた。自分の尊厳を取り戻すために若い男まで買っている。どれも震えるほど怖いことだったのだ。

「夫婦だからセックスがなければいけないとは思わない。逆にセックスという行為があればいいとも思わない。セックスはあっても夫から女扱いされない妻もいますよね。女として愛おしまれることもなく飯炊き女やお母さんにされている妻はすごく多い。それがいけないとは思わないけど、ほんとにそれで平気なのか。なぜ平気なのか。それを聞きたくて本を書いたんです」

夫たちに聞きたいことは？　と聞くと、しばらく考えてこう言った。

「あなたの妻は平気そうな顔をしているけど実は平気じゃないかもしれない。そう言いたいですね。私みたいに出張ホストを買う人は少ないかもしれない。でも、あ、私もまだ女としていけるんだと気づく機会があったら、それを断るのはすごく難しいと思う」

「今ならまだ間に合うかもしれない」

「離婚するのはこのまま終わりたくないから。今ならまだ先がある。新しい出会い、新しい人生があるかもしれない。20年も我慢しちゃった自分はバカじゃないかと思いますよ。もっと早く結論を出していてもよかったのに」

和泉京子さん（44歳）は別居中の今の気持ちを静かに語る。22歳で職場結婚、6歳年上の夫は退職して製造業を営む京子さんの実家の婿養子となった。それが一人娘の京子さんと結婚する条件だったからだ。そのことに京子さんは感謝しているし今でも夫のことを「基本的には優しい人」だという。

「夫は次男なんですがいつ結婚してもいいように家を建ててひとり暮らししていた。ほんとうはそこで暮らしたかったのに、私の両親の強い希望で実家に同居してくれた。両親も私もそのことには感謝しているし、そのぶん私なりに気遣いはしていたつもりだった。でも、夫はすごく変わっているというか、結婚当初から理解できないことが多かった」

たとえば結婚1年後から家族と一緒に食事をしなくなった。いくら誘っても自分が食べたいときに食べると言い、夜の10時ごろにレンジで温めた食事を自室に運んでひとりで食べていたという。外に遊びにいくわけでもなく、家族が食卓を囲んでいる時間はひとりでテレビを見ている。20年以上そうだったというのだ。

「外で遊ぶことはしない人で家の中にばかりいる。彼の地元には友達はいるんですが、こっちにきてからは友達も作らなかった。そういう意味では私とは正反対のタイプなんですね」

実際、あらゆる意味で夫婦は対極的だった。京子さんは外向的で家にいるのは好きではない。くよくよ考えることもしないし「なるようになるさ」と考える。寝込むという経験がないほど体も「丈夫」だという。対する夫は体が弱くすぐにお腹をこわして寝込んでいた。性格的にも繊細で、何かあると心配で動揺してしまう。お互いに相手にないものを持っているという意味では、夫婦としてはなかなかいい組み合わせなのかもしれない。しかし性生活においてはそれは悲劇だった。

長女を妊娠したのが結婚して10ヶ月後、それが夫婦の最後のセックスとなった。その長女も今年21歳になる。丈夫で何事にもくよくよしない京子さんの人生で、唯一抱えたのがセックスレスという深い苦悩だった。ただし京子さんの傷を広げたのはセックスがないこそのものではなかったのである。

「夫はいわゆるＥＤではない。できなくてしないなら私の気持ちも違ったと思う。でも自分がしたくないからしない。私がいくら求めてもそこは頑として譲らない。私から見るとそのことだけでも自己中心的に思えてしまうんです」

長女を妊娠するまではそれでも月に1度か2度は夫から誘ってきた。あきらかに京子さんが不機嫌になるからだ。しかし妊娠がわかったとたんに指一本触れなくなった。

「私はかなり誘いました。初めての妊娠で不安だったのでセックスというよりはスキンシップが欲しかった。でもそれを伝えても怖いからできないってまったく応えてくれませんでした」

妻のお腹に胎児という妻とは別の生き物がいる。それを怖いと感じる男性の感受性はわからなくもない。それでも不安を訴える妻を抱きしめてなだめることはできる。少なくともそうしていれば京子さんの不安がそのまま心の傷になることはなかったはずだ。

「傷つきましたね。子どもが3歳になるぐらいまでは私から頻繁に誘った。でもほとんど無視。黙るか、うっとうしい顔をされて背中を向けて寝てしまう。夫に隠れて毎日ひとりで泣いていました」

その苦しい気持ちを伝えたこともある。今の状態では夫婦とは言えないし私も寂しい、このままいけば離婚だって考えるし私が浮気に走ってもいいのかと脅したこともある。しかし妻の必死の訴えに夫から言葉が返ってくることはなかった。それどころかなぜか薄笑いされてしまうのである。

「へへへ、みたいな感じで笑うんです。なぜ笑うのか、どうしてここで笑うのか。問い詰めても何も返ってこない。何か言ってくれたらそこから話が展開するんですが、何を考えているのか、夫の顔からは何も読み取れなかった」

もともと無口で人と話すことが苦手なのであればまだしもわかる。しかしふだんの会話は誰とでもごくふつうにできる人だった。日常的な夫婦の会話もできた。お互いに自分がその時々に感じたことやショックを受けたことを話してシェアすることもできる相手だったという。

「優しさもある人なんです。出産直後は夜中の授乳には必ず一緒に起きてくれて部屋を暖めてくれたし、母乳をやっていると私に上着をかけてくれる。どこかに連れて行ってほしいと頼めば連れて行ってくれました。とくに子どもが小学校の低学年までは家族であちこち出かけて。だからセックスがなくても自分は幸せなんだと思っていた時期もあったんですね」

京子さんに対しても寛大だった。掃除が苦手な京子さんを咎《とが》めることもなく自ら掃除をしてくれる。夜、親に子どもを預けて京子さんが遊びに出かけることにも嫌な顔はしなかった。しかしそんな夫をありがたく思うと同時にくすぶっていた「不満」が顔を出す。

「私とセックスしたくないから家のことをやってるんでしょって。私が何をしても何も言わない、自由にしてくれるのも自分がセックスしない負い目があるからなんだろうって。夫の優しさを素直に受け取れない。それだけ傷ついていたんだと思います」

それでも長女が小さいうちは「家族をする」ことでその気持ちを抑え込むことはできる。だから長女の手が離れていくころ、京子さんは思い切って夫にもうひとり子どもが欲しいと提案したのだ。

「30近かったし、もうひとり子どもが欲しかった。でもそのときも何も言わずにただ笑っているだけで。何でしょうか、けっきょくやりたくない理由が言えないから笑ってごまかすというか。とにかくわけがわからないんです」

そんなに私って魅力がない？　と聞くと「別にそんなことない」とだけ答える。もしかしたらゲイ？　と聞くと「そんなことあるわけないじゃん」と笑った。暖簾《のれん》に腕押し、体当たりで突っ込んでいくたびに京子さんは傷を負っていく。

「そのことが他のことにも影響してぎくしゃくしていく。これじゃいけないと思って夫婦で遊びに行こうと誘った時期もあったんです。でもそれも嫌がる。お腹が痛いとか夕方からしか出かけたくないとか言って一度も応じてくれなかった」

自分がしたくないことはどうあってもしない。夫にすればただそれだけのことなのかもしれない。しかし何とか夫婦関係を修復しようとアプローチする妻にすれば、そのひとつひとつに自分が拒絶されたように傷ついていく。そして長女が中学3年生のとき決定的なできごとが起きた。

「初めての家族旅行を計画したんです。家にいるのが好きな人なので泊まりで出かけることがなかったんですね。ところが直前に塾の模試が入って長女が行けなくなって。じゃあ2人で行こうよと言ったら『2人で行くなら行かない』と言われた。さすがに傷つきましたね。いったいこの人は私をどう思っているんだろうって」

セックスレスでなければ明るく反論できることも、どうしてもそこがひっかかってしまう。2人だけで泊まることを警戒されたように感じてしまうのだ。その一件で力つきてしまった京子さんはすべてをあきらめた。そしてそこからほとんど口もきかない家庭内別居状態になっていったのである。

魔がさす。良くも悪くも人生が大きく転換するときにそれは起こる。破壊のエネルギーを利用して一気に新しい扉を開くのだろう。京子さんに「それ」が起きたのは5年前、ただしそれは確信的な「魔」だった。

「よくある出会い系でメル友になった男性と関係したんです。そのころ精神的にピークにきていて。それとどうしても試したかった。自分がまだ女としてできるか。だから誰でもよかったんです、やってくれる人なら」

そのころ精神的なストレスが体に出ていた。まだ30代だった京子さんは動悸やのぼせ、生理不順などの更年期障害の症状に襲われたという。まだ女としてできるか試したかったという言葉に、京子さんの女としての切実さが感じられる。

やってきたメル友は「そのへんにいるおっさん」でまったく好みではなかった。だからこそセックスしたときに自分の中からあふれてきた「何か」に戸惑った。

「誰でもいいやと思ってした相手なんです。なのに何でこんなに人の肌が気持ちいいんだろうって。快感ではなくて人肌のぬくもりと安心。自分にはほんとうにこれが必要だったんだなとはっきりとわかった」

同時に、夫に対するものすごい憎しみが駆け上がってきたという。

「猛烈に悲しかった。好きでもなんでもない男とセックスしてこんなに人肌が気持ちいいと感じる自分が。ほんとうはこんなことしたくないし、ほんとは夫とこうなりたい。情けなくて悲しくて。それが家に帰って夫の顔を見た瞬間にすごい憎しみに変わったんです。ここまで私を変えたのはあんただよって」

夫以外の男性とセックスしたことの罪悪感はなかった。癒されもしなかった。ただただ猛烈な悲しみと情けなさが夫への憎しみに転化していった。そして1年前、長女が独立したことで離婚を夫に切り出したのである。

「ぽかんとしてました。え、何で？って」

何でか、を丁寧に話して聞かせたという。とにかく20年間セックスがなくて悲しくてつらくて毎日泣いていた。家族でありながら食事も一緒にしないことの異常さと寂しさ。この先、老後をあなたと生きる気はないし、面倒見たくもないし、いてほしくないと。そこまで言われて初めて夫は「なぜやらなかったか」を言葉にしたという。

「怖かったんだ、と言ってました。性欲がないわけではなく、私に問題があるわけでもない、私のことは今でも好きだと。ただセックスするのが怖かったと言うんです。ますますわけわからないですよね」

しかし、さらにわからないのはその後とった夫の行動だった。

「抱きついてキスしてきたんです。気持ち悪いしよけい傷つきました」

思いきりはねつけたが、その後も一緒にお風呂に入ろうと言ったり抱きついてきたりしたという。セックスレスという状態の中で妻が何に傷ついてきたのか。何が妻に離婚を選ばせたのか。そこを考えようとしないでとりあえずセックスして妻の機嫌を直そうとする。それはまたしても妻を拒絶して逃げたことと同じことなのだ。

のたうちまわって苦しむ妻を見ても、夫は苦しもうとしない。悩むことも考えることも拒否する。おそらく妻が許せないのはそこなのである。

「セックスレスということで言えば拒否されている私は被害者ですよね。でも苦しむのは私だけで加害者の夫はそれを無視することで平穏に暮らしている。最後の最後までそうだったということです」

傷つくのはセックスレスという状態ではない。無視やため息という無言の暴力で妻を弱らせ、男のプライドに閉じこもる夫に深く深く傷ついていく。妻にとってそれは精神的DVに限りなく近い。

「20代と30代の20年をセックスレスで苦しんできた。このままでは終わりたくない、離婚を決意した気持ちはほんとうにその一言です」

別居した今でも夫は毎日仕事をしに京子さんの実家に通ってきている。夫は修復を望んでいて離婚の決着はまだつきそうにない。京子さんの携帯には毎日のように夫からメールがきている。おはようとか、今日は何してるの？　といった「わけのわからない」内容だという。しかし返事は出さなくてもそれを見るたびに複雑な気持ちになると、最後に京子さんは言った。

「気の毒というか。愛情はなくなっても20年一緒にいた情はあるので」

怒りでも憎しみでもなく夫を「気の毒」に感じる。20年、心からの叫びを無視されてきた妻にとってすべては過去のことであり「いまさら遅い」のだろう。

新しい扉は開いている。そこに立った妻と肩を並べて歩くのなら、夫もまた「何か」を破壊して自らの手で新しい扉を開けるしか方法はない。

セックスしたい、でも夫ではない

「道を歩いていて太ったおばさんを見ると、ああセックスしているんだな、だから安心しておばさんになれるんだなって。だって私は抵抗しまくってますもん。このままおばさんになりたくない、女性でありたいという気持ちが強くて服も髪型も若作りしてる。子どもの保護者会に行くとかなり浮いてますよね」

爽やかに笑う横山朋子さんは9歳と6歳の娘がいる母親にはたしかに見えない。38歳、長女の妊娠をきっかけに10年間のセックスレスになり、半年前から別居に踏み切った。2年前から始めた心理学の勉強で資格をとり、最近、念願のボディヒーリングの仕事についたという。

「心理学の勉強を始めたことは大きかったと思います。自分の性に対する見方も、なぜこうなってしまったのか、自分は何を望んでいるのか、知らなかった自分を見つけていく。ただそうなったときに夫という人を見ると……離婚するかどうかはまだ不確定ですが」

26歳で職場結婚。2つ年上の夫は進学校から有名大学そして一流企業へと「失敗のない人生を歩いてきた人」だという。朋子さんもまた有名女子大から難関を突破して同じ企業に入社して職場結婚。よくできた長男と長女の結婚だった。

「ひとりの人間としては今でもすごく尊敬している。とても不思議な人で、誰に対してもへつらわないのに人がついてくる。同じ職場で働いているときから人間的なオーラを感じる人だった。あなたは頑張れば社長にだってなれる人だと思うと夫にも言いましたが、今でもそう思うしそれを応援したいという気持ちはなくならない」

朋子さんが目指したのはその夫を支える良い妻だった。しかしそれは内助の功というよりも夫から嫌われたくないという恐怖心からのほうが大きかったという。朋子さんの結婚は気持ちのいいスタートではなかったからだ。

「婚約破棄寸前までいって結婚しているんです。夫が出張先の支社の女性と浮気して白紙に戻したいと言われて。でもすでに寿退社のために新任者に引き継ぎしているときで、ここで結婚も職場も失ったら私には何もなくなる。その焦りもあって半年ぐらいもめにもめて、最終的には夫がむこうの女性と別れて私と結婚したんです」

そのときのことがトラウマになったのか結婚してからも「夫から切り離されることの恐怖」がずっとあったという。夫に嫌われることへの恐れ。それを払拭するために良い妻でいることを自分に課したのである。

「夫の前ではずっと笑顔の妻を演じていたんですね。セックスレスがつらくて毎晩泣いているのに、翌朝は機嫌よく笑顔で夫を送り出す。暗い顔をしていると夫は不機嫌になる。夫が好きだったし嫌われたくなかった」

恋愛中はもちろん、結婚半年で長女を妊娠するまではふつうに性生活があった。「流産しそうで怖いから」という理由でセックスしなくなった夫は、しかし長女が1歳をすぎても誘ってこなかった。セックスという言葉を口にすることも恥ずかしかった朋子さんは2人目が欲しいという理由で夫を誘った。その排卵日限定の数回目のセックスでできたのが次女だ。

「次女を出産してからはほんとに数回でした。もちろん夫からはこない。だいぶたってから私から誘ったんですが、でもそのうちの2、3回は勃たなくて。それでしばらくたってから病院に行くと何かお薬とかもらえるらしいよとさり気なく言ってみたんです。そうしたらものすっごく激怒されてしまって」

夫は夫なりに悩んでいたのかもしれない。しかし夫に嫌われる恐怖を抱えながらそう言わずにいられなかった朋子さんの衝撃は想像できる。そのときから朋子さんはある奇妙な理屈をつけて夫とセックスすることをあきらめた。

「夫は自分の実の父親なんだと思い込もうとしたんです。この人は愛する夫ではなく自分のお父さんなんだからセックスしなくていいんだ。変だけど、自分の気持ちを制御するためにそういう訓練を自分に課したんです」

同時にその「父親」の良き妻でいなければならない。転勤族の妻として見知らぬ土地でひとりで子どもを育て仕事人間である夫を支える。それは会社に行けば自分の居場所がある夫にはわからない過酷な世界だ。

「心細かったですね。見知らぬ土地で子どもを育てながら自分の居場所を探していく。でも夫に一緒に子育てしてほしいとは頼めなかった。オムツひとつ替えてほしいと言えなくて、休日も疲れている夫が休めるようにひとりで子どもたちを公園に連れて行く。嫌われたくない、知らない土地で夫から切り離されたらという恐怖があるから、よけい良い妻を演じてしまうんです」

セックスを求めたのは体ではなくそんな朋子さんの不安感だったのだろう。子どもが母親に抱いてもらいたがるように、大好きな夫の腕に抱かれる安心と安定が欲しかったのだ。しかしその押し殺してきた声が決壊したように一気に外側にあふれ出した。3年前、インターネットでセックスレスについて考えるサイトを見つけ、心理学にも興味を持ち始めたころだ。

「そのサイトでいろいろな人の話を聞いたり質問したりしているうちに、セックスは恥じるべき行為ではないしごく当たり前の欲求なんだって。そう思ったら、私は夫のことを無理に父親だと思おうとしていたけど、違う、私は女なんだ、ちゃんと女として生きたいんだとはっきり思ってしまったんです」

それと同時にある不思議な確信が生まれた。自分はこの人をもう男として受け入れられない、という確信だった。

「嫌いだとか夫として認められないというのではないんです。ただ男として受け入れることはできない。何か……人間っていろいろな学びがあると思うんですが、せっかく女として肉体を持って生まれてきて、私は肉体を通して愛というのを学びたいし体現したいという強い欲求を感じた。そう思って夫を見たときに、ああ私はこの人とはもうセックスできないって思う自分がいたんです」

こうだからこうと筋道立てて理屈で考えたことではない。だからこそ確信だった。そして「夫とはできない」と確信したとき、初めて朋子さんは夫に自分のつらかった気持ちをメールで伝えている。しかし〈悩んでいるとは知らなかった。自分は淡白なんだ。でも努力する〉という夫からの返信を読んだとき、朋子さんが感じたのはやはり「この人ではない」という同じ確信だった。

「セックスがしたい。それは女として生まれてセックスを通して自分を表現したい、誰かに愛を与えたいという強い思いだった。でもその相手はこの人ではないって」

10年間、朋子さん夫婦は喧嘩をしたことがなかった。このメールのやりとりが、夫と妻の最初で最後の、壮絶な戦いの始まりとなったのである。

「努力する、と言われてからの3年間がほんとに大変でした。私にも夫にもいろいろな段階があって、それぞれに苦しんだ。最終的に別居という形をとらざるをえないところまできたんです」

努力する、という言葉はあってもその方向性が見えてこない。どの方向に向かって努力をすべきなのか、してほしいのか、夫も朋子さん自身もわからなかったからだ。

「夫はやり直したいしおまえが大事だと何度も言ってくれた。ただセックスを誘ってくることはなかったですね」

夫にすれば当然だろう。「今はあなたを男として受け入れられない」と朋子さんは夫に正直に話したからだ。だから夫の努力は「父親」に向けられた。朋子さんが心理学の勉強に出かける土曜日は子どもたちを精力的に遊びに連れ出してくれるようになった。一方、朋子さんは体でのコミュニケーションがとれないぶんを会話で埋めようと努力したという。

「心理学の勉強を生かしてできるだけ夫の話を聞くようにした。会社の話とか仕事の夢とか。2人の将来の話もできるようになってそれはそれで良い方向にいきかけていた。でもそのぶん言葉ではこんなにコミュニケートできるのにセックスができないという事実がよけいに際立ってくるんですね」

セックスがしたい。妻としての努力とは別にいったん動き出した女としての感情は止まらなかった。セックスがしたい。でも夫とはできない。その矛盾と混乱が夫に向かって爆発した。

「夫とふつうに会話をしていても感情がぼろぼろ出てきて抑えられなくなる。夫と子どもの前では泣かないと決めていたんですが、感情があふれてきて涙が止まらなくなる。私はつらかったんだ、セックスのない私は女じゃないって。子どものいる前でも夫に訴えて。泣きながら訴えていると過呼吸みたいに息ができなくなってくるんです」

そんな妻に夫は大きなため息をつきドアを乱暴に閉めて出て行くしかなかった。もしこのとき泣きじゃくる妻をただ抱きしめていたら。夫の腕の中で子どものように泣くことができていたら新たな展開があったのかもしれない。

「夫も自分を保てなかったんだと思います。激怒しておれは悪くない、おれは家族のために一生懸命働いてきた、おまえがそんなこと言いださなければすべてうまくいっていたんだと。それは今でも夫の本音だと思うし、夫にとっては私が自分に不満を持っていること自体が不満だったんだと思う」

夫にとっての「すべてうまくいっていた」状態とは、自分が仕事に集中できることだったのだろう。そのために「笑顔の妻」を演じ続けた朋子さんの現実とはまったく乖離《かいり》している。もちろんそれは夫のせいだとは言えない。夫から切り離されまいとする朋子さんがした選択であり夫の知らないことだからだ。おそらく自分の言動がその恐怖を植えつけたことさえ夫は知らないのである。

「夫婦の中でキーワードになる言葉ってある。次女の妊娠中につわりで暗い顔をしていたら『そんな不機嫌な顔されてたら嫌だから実家に帰っていいよ』と突然夫から言われたことがあるんです。私にとってそれはすごく大きかった。それからですね、どんなに落ち込んでいても夫の前ではニコニコしていなければいけないと思ったのは」

心理学で自分の内側を見つめることで、その抑圧してきた悲しさや寂しさが飛び出してくる。別居にふみきったのは、夫には受け止められないその激情を子どもたちにぶつけてしまうようになったからだ。

「精神的に変になっていて。ひどかったですね。叩いたり蹴ったりしたこともある。最終的には子どもを乗せて車を運転していて、このまま突っ込めば楽になれるとアクセルを踏み込みそうになった。このままでは家族全員だめになると思って別居を決意したんです」

ぎりぎりまできてふみこめなかった何か。それは子どもを守る母性だろうか。もちろんそれもあるだろう。しかしそれ以上に強かったのは朋子さんの「女として生きたい」という強烈な欲求だったのではないかと思う。

「別居して夫と離れたら不思議なほど楽になった。1年たって今、ほんとうに生きている実感があるんです」

何ひとつ解決していない。離婚も、セックスの問題も。ただ夫にとらわれている自分がいなくなっただけだ。

「仕事を始めたことも大きいですが、離れてみていろいろなことが見えてくる。私は夫を通してしか外を見ることができなかったんだと思います。専業主婦という狭い世界で向き合う相手は夫しかいなかった。その中でセックスレスの問題がものすごく大きくなっていって」

セックスをしたい、という気持ちは今もある。しかしその欲求はセックスレスの中で夫に求めたものとはあきらかに違う。

「死んで魂になったときに何を持って帰るんだろうって。お金も家も社会的な評価も持っていけない。けっきょく持っていけるのは心が体験したことだけですよね。そう思ったときに私はセックスを通して自分を表現したり誰かに愛を与える体験をしないで帰るのは嫌だと思った。女として生まれて、それをしっかり生きてから帰りたい。仕事で女性のクライアントさんの悩みを伺うことでその思いはより強くなったかもしれません」

セックスでいってみたい。知らない自分を知りたい。それを口に出して言える自分がいる。でもそれは以前の自分のように「仮面」をかぶったままではできない。でも今の自分ならできるかもしれないと思う、と朋子さんは言う。

「うちは喧嘩もセックスもできなかった。本当の自分を出さないで仮面をかぶっていたから。セックスレスでも言いたいことを言い合える関係だったらこんなふうにはならなかったかもしれない。だからやっぱり自分の責任かなと。でも今の自分ならそれができるんじゃないかと思うんです」

しかしやっぱりその相手は夫ではない。なぜかわからないがその確信は変わらなかった。

「今ふっと浮かんだのは、戻ったとしてもまたあのセックスなのかと。夫のセックスは服を着たまま下だけ脱いで愛撫もなかった。セックスレスは改善できたとしてもセックスの質を改善するのは難しいと思うんです」

求めるのはセックスではなくそれがもたらしてくれる充足だ。それがあるかどうかで人生の質まで違う気がする、と朋子さんは言った。

「クライアントさんで夫のセックスを苦痛に感じている女性の相談は多い。だから単純にセックスがあるかないかの問題ではないんですよね。それは私にも少しわかる。実は私、別居してから試してみたことがあるんです、夫以外の男性とセックスができるかどうか」

夫との離婚を考えたときにふと浮かんだ「もうひとつの選択肢」だった。結婚生活を続けたままでセックスだけを他の男性に求めることはできるのかと。試してみなければわからないとネットの出会い系サイトでやりとりした相手と試してみたというのだ。

「何回か会ったんですがまったくよくなかった。相手が若かったせいではなくて、愛がないセックスでは自分はだめなんだと知った。逆に夫との服も脱がない排卵日限定のセックスでも、夫のことが好きだったから精神的には満たされたんですよね」

なぜ「夫とはもうできない」のか。朋子さん自身が変わってしまったからだ。そして夫は変わらないままだ。セックスだけでなくパートナーシップにおいてそれは決定的な問題なのだろう。

「今はボディヒーリングといってクライアントさんの体にふれて癒す仕事をしているんですね。気持ちよくしてあげたいという思いと相手の反応とのコミュニケーションなんです。ここはどう感じますか、痛くないですかと聞きながらタッチしていく。セックスってその延長線上にあるものですよね。たとえセックスができなくても肩を抱かれたり髪をなでられたりするタッチがあればかなりの部分は満たされるんだと思う」

なぜ女性は「愛」が好きなのかと不思議がる男性は少なくない。

それが自分を成長させるおそらく最上の方法だとどこかが知っているからだと思う。

妻という名の風俗嬢

「別居した1週間後に電話してきて、やりたくてたまらないだろうみたいなこと言ってきた。はあ？って。もう怒りを通り越して笑えるぐらい。こんな男と20年もいたのかと思うとがっくりだった。何も通じていない、ほんとうにわかってないんだって。見ればわかるじゃないですか、女房が喜んでいるか嫌々やっているか」

夫とのセックスを嫌で嫌でたまらない、あるいは嫌だけどしかたなく受け入れている妻はどれぐらいいるのだろう。少なくとも離婚した妻の取材で、夫とのセックスには満足していた、不満はなかったと答える人はごく少数だ。多くは「妻の仕事」のひとつとして受け入れる。拒めば夫は不機嫌になり生活そのものに影響するからだ。生きていくため、子どもを育てるために体を提供する妻たち。20年間の結婚生活を経て3年前に離婚した勝田由美さん（44歳）もそのひとりだった。

「私は風俗嬢とどこが違うんだろうと思っていた。子どもを育てるため、お金をもらうために体を提供する。でもそれを選択したのは私自身なんですよね」

高校時代に知り合った1つ年上の夫と21歳で結婚した。スポーツマンで社会のことをよく知っていて頼りがいがある、それが結婚するまでの夫の姿だった。事実、家族を養うのは男の責任だという意識が強い夫は仕事熱心で収入も良かった。その夫の希望で、結婚を機に由美さんは仕事をやめている。しかし1年後に長男が生まれるとそれまでは見せなかった夫の本性が現れてきたという。

「そのときの気分で突然切れるんです。洗面所にタオルがなかったとか、テレビに埃がたまっているとか、何をきっかけに怒り出すかわからない。今日怒らなかったことでも明日は怒るかもしれない。だからどんなに平穏でも心の中はつねに緊張していないといけなかった。離婚直後に精神的DVのサイトを見たとき、すごく似ていてびっくりしました」

2年後に長女が生まれるまでは肉体的な暴力も何度かあった。長男が幼稚園にあがるまでは離婚を考えて実家に帰ることもたびたびあったという。しかし最終的には離婚したくない夫が半ば投げやりにある奇妙な条件を提示してきた。全ておまえの好きにしていい。ただしセックスだけはおれの好きなようにさせてほしいと。それは毎日夫の「性欲の処理」のために体を提供することを意味していた。

「ほんとうに処理、排泄という感じで。セックス依存症というか、毎日出しておかないといけない、ためていてはいけないという強迫観念みたいなものを感じました。それは交際中からそうで、何か言われたわけではないんですが、怖くて断れない感じがあった」

出産後、夜中の授乳や夜泣きでへとへとの時もそれは変わらなかった。毎晩子どもを寝かしつけるまでじーっと待っている。添い寝をしているうちに寝てしまうと起こされる。由美さんの体調が悪くても関係なく生理中は口でするよう要求された。しかしそれでも、由美さんが夫の提示した「和解の条件」を受け入れたのはなぜなのか。

「私も若かったので額面どおりに受け取って承諾したんです。とりあえず2人の子どもを育てることが第一優先だった。それと私自身、両親が朝から晩まで農作業で家にいなくて寂しかったので、小さいうちは手元で育てたいという思いが強かった。そのためにはお金が必要だし、夫は仕事熱心でお金は稼いでくる。だから腹をくくったんです。よしこれは仕事だと、そこさえクリアすればあとは大丈夫なんだって自分に言い聞かせて戻った」

当時、夫は仕事の関係で3日に1度しか帰ってこなかったこともある。3日に1度、セックスも含めて夫を満足させれば後は子どもたちと楽しく生活ができる。たしかに「仕事」と考えれば異常なことではないだろう。やりたくないけど生きていくために仕事をする。そこに喜びがなくても、ストレスで自分を傷つけても、生きていくためにはしかたないと思って仕事をしている人は少なくない。夫が妻の不満に気づきにくいのはそういう世界で生きているせいもあるのかもしれない。

「男はみんなこうなんだ、自分はいたって正常だと夫はいつも言っていた。私もおかしかったんですが、とにかくこれは仕事なんだ、これさえ我慢すればいいんだって」

長い時間ではない。夫は自分さえ終わればよかった。ただし夫は妻に奉仕させることを好み、由美さんが気持ちいいふりをしないと不機嫌になって怒り出す。

「感じないのはおまえがおかしい、不感症だと言われました。実際、夫とのセックスで気持ちいいと感じたことは1度もなかった。それ以前に心を許せていない。でも早く終わってほしいから演技はするんです。ほんとに仕事だった」

どう感じるか、どこが感じるか、とこちらの感じ方を聞かれたことは1度もない。むしろそれはありがたかったかもしれない。しかし3日に1度だったはずの「仕事」が夫の転職で毎日になる。そのころから由美さんの精神は少しずつ崩壊していったのである。


仕事として割りきる一方で、由美さんは夫に対する望みも捨てられなかったという。年齢とともにセックスの回数も減ってくるはず、何より精神的に成長していくことで夫としても変わってくれることをどこかで期待していた。

「どうしてこの人とは会話が成り立たないんだろうと、それは悲しかったんですね。夫としても父親としても、口から出てくるのは命令、指示、叱咤、あとは貶《けな》すだけ。一度子育てのことで相談したら、おれは働いて食わせているんだから愚痴を聞かせるなと言われた。ちょっとした会話ができれば回避できたこともたくさんあるのにそれができない。私も子どもたちも夫から距離を置いていくしかなかった」

会話ができない。もちろん喧嘩もできない。それは家族という人間関係の中で成長も変化も起きないということだ。そのなかで、夫の言動の異常さだけがどんどんエスカレートしていった。

「もともとアダルトビデオ好きで、女はつねに欲しがっていると思い込んでいる。だからおまえはおかしい、不感症だから病院に行けとまで言われていた。しかもだんだんSMビデオのほうに傾倒していったせいか、世の中には強姦するやつだっている、おれは理性的なほうだと言う。その言い方が自信満々なので、だんだん私のほうがおかしいんじゃないかと思わされていくんです」

夫が初めての男性である由美さんには「ふつう」と比較することができない。そのうえ自分がセックスで感じたことがないのも事実だ。自分のほうがおかしいと思ってしまうのも無理はない。あるいは子どもが成人するまでは別れられないと決めた以上、そう思ったほうが楽だったのかもしれない。しかしその被害が子どもたちにも及びそうになったとき、由美さんの中で必死に押しとどめていたものが崩壊した。

2人の子どもが高校生になった頃、由美さんは再就職している。一方、夫は夜勤の仕事に変わっていた。しかし早朝に帰宅して風呂と食事をすませた夫は寝る前に当然のように妻を寝室に呼ぶ。まるで寝る前に歯磨きをするように「出したい」からだ。しかし襖一枚へだてた隣室ではまだ子どもたちが学校に行く支度をしていた。

「応じないと怒り出す。とにかくそれが済まないとおさまらない。子どもたちは何も言いませんがおそらく勘づいていたと思います。自分のことなら我慢できた、だけど子どものことは耐えられなかった。もう自分が発狂しそうで怖くなるところまで精神的に追い詰められて、それが体の症状になって出たんです」

ある日突然立っていられないほど足がだるくなり手のひらと足の裏の感覚がおかしくなった。病院に行っても原因がわからない。離婚を決意したのはそのときだった。

「このまま死んだら何のための人生だったのかって。離婚だけは遂げて死にたいと心の底からそう思った。だから這ってでも仕事には行ったんです。仕事をやめたら離婚もできませんから」

「離婚してほんとうに楽になった。セックスに応じなくてもいい、生活の中で思ったままを口に出せる。貧乏にはなったけど生きているなあっていう実感が今はある」

生きている実感。離婚した妻の多くがこの言葉を口にする。由美さんは自分の離婚を

「解放」と表現した。まさに奴隷として生きていた自分を自ら解放したのだ。それを自分自身に許すまで20年かかっている。

「自分さえ我慢すればという気持ちが刷り込まれているのかもしれない。自分さえ我慢すれば、自分が頑張れば、波風立たずに生活できる。それは離婚してもしばらくありましたね。もっと頑張れたんじゃないかって、家庭を壊したことへの罪悪感があった」

自分が我慢することですべてを丸くおさめようとする。それは経済力がないからではなく、母親という女から女へと刷り込まれてきた生きる知恵だったのかもしれない。事実、夫と同等の経済力を持っている妻にもそれはあるからだ。しかしそれは男たちを本当の意味で幸せにしたのだろうか。むしろ人間としての基本的な成長を止めてしまった、その結果が今の熟年世代の離婚に色濃く出ているのではないかと思う。

「我慢したことが良かったのか悪かったのか。今思うともっと早く離婚することも選択できたし、緊張感のある家庭の中で子どもたちにもずいぶん我慢させた。でもこうしか生きられなかった。やっぱり自分が別れられなかったんですね、自分に納得していなかったというか」

倒れるまで頑張らないと自分を許すことができない。そこまでいく手前でギブアップすることをよしとしない。考えてみるとそれは私たちが生きている社会の価値観とぴたりと重なっている。そして由美さんにそれを許してくれたのは「子ども」たちだったという。
「もう我慢しなくていいよ……もう限界なんだと話したとき、涙をためて息子がそう言ってくれたんです。離婚を勧めてくれたのは子どもたちだった。ずいぶん我慢させてきたんだなと思いましたが、でも最後の最後で意思表示することができた。こんな人生はノーだと言えた、それを子どもたちに見せることができた。子どもたちがまだ手元にいるときにそれができて本当に良かったと思っているんです」

自分は幸せになっていい。そのシンプルな真実は、自らの生き方でしか子どもたちに教えることはできない。親の離婚が子どもにもたらすギフトがあるとしたら、その力しかないと思う。しかしそれもその結論に至るまでのプロセスを自分なりに真剣に生きてきたことが大事なのだろう。

「20年間、損しちゃったのかなとも思う。でもそのときそのとき、私は私にとっての最良の選択をしてきたはずだし、それについての後悔はないんです。夫が変わってくれることを期待してやれるだけのことはやった。でもだめだった。だから自分をもう解放してあげていいかなと思えたんです」

やれるだけのことはやった。離婚した妻たちの「生きている実感」はその自負に支えられている。離婚された夫たちが生気を失うのもまた、その一点なのではないだろうか。

第5章 破壊と再生

「喧嘩もセックスもない夫婦が一番あぶない」

離婚の問題はうつ病の治療に似ている。

一時期うつ病に関心を持って取材したり書いたりしていたせいで「いい先生を紹介してくれないか」と相談されることがたまにある。もちろん相談してくるのは当の本人ではなく身近にいる人間、親とか伴侶、あるいは上司などである。相談されると嬉しくなって何とか役に立ちたいとはりきるが、実際はとても悩む。

私が考える「いい先生」はたいていの場合、相手が望む「いい先生」ではないようだからだ。そういう勘違いと失敗がいくつかあり、最近は「どういう状態に治したいんですかね」と先に聞いてみることにしている。

「だから元通りに会社に出てこられるぐらいに……」

とか、

「また前みたいに学校に行けるように……」

とか、

「とりあえず家の事ぐらいはきちんとできるまでに……」

という返事が返ってくるとさらに悩む。理屈で考えても、「元通りの自分」に戻ったら再発を繰り返すだけに思えるからだ。なかには簡単な問診と向精神薬の処方で元通りの生活ができる風邪ていどのうつもあるのだろう。でも私が知るかぎり「元通り」を目標にした治療を続けても、再発を繰り返しながら薬の量だけが増えていく事例がとても多かった。痛み止めの薬をどれだけ飲んでも虫歯は治らない。ひどくなる一方だろう。

言うまでもなく私がおすすめしたい「いい先生」は根治を目標としている。元の自分に戻るのではなく、新しい自分としての「生きなおし」を治療のゴールと考える。しかしそれを選択するには本人にあるていどの気力と覚悟がいる。自分のコンプレックスや感情的な傷など目をそむけ続けてきた自分と向き合うプロセスがどうしても必要だからだ。しかしそこをクリアすればふたたび新しい問題にぶつかっても自力で解決していける力が手に入ると彼らは口をそろえる。

離婚という問題もこれと同じだと思う。

回避か再生か、選択は2つある。

よく言われる「修復」という選択もあるがこれは無理だと思う。一方が離婚をつきつけた段階では、今にも崩れ落ちんとするボロ屋の状態なのである。雨漏りする天井やすきま風が吹く壁のひび割れにガムテープを貼り、傾いた屋根につっかえ棒をしても、居心地の悪さは変わらないしやがては崩れる。

回避はどうか。とりあえずこの場をおさめることは一時的には可能かもしれない。ボロボロの家に特大の花束やケーキを持って帰れば一時的な目くらまし的な効果はあるかもしれない。しかしそれを続けることはそうとうな気力と体力がいるし、悪くすると真剣に挑んでいる相手をさらにムカつかせる。そもそも熟年離婚の多くは「回避と再発」を繰り返してきたはてに出した結論なのである。

では再生の道はあるのか。ある。ただし住み心地のいい新しい家を建てなおすには、まずボロ屋をぶち壊さないといけない。再生するにはまず破壊が必要だからだ。そういう意味では一方がつきつける離婚届は破壊のための破壊ではなく、再生のための破壊ともとれるのではないだろうか。あるいは結果的に離婚という選択になったとしても、そこに至るまでに回避を目指したか再生を目指したかで、次の人生は大きく違ってくるように思うのである。

再生のための破壊。よく言われるようにそれは当事者2人で向き合えばできることなのだろうか。取材の中でも個人的にも、かなり無理、というのが正直な実感だった。どうしても「どっちにより非があるか」という方向にいってしまいどんどん破壊のための破壊の方向にいってしまうからだ。それを軌道修正するには第三の目が必要なのだろう。

第三の目。なぜ向き合うことを避けてしまったのか。なぜ意地悪したくなったのか。なぜこんなにも怒りがわいてくるのか。なぜ仕事や女性に逃げてしまったのか。そこには必ず本人も気づいていない苦しい感情がある。離婚の理由で「性格の不一致」とか「性格的な問題」という言い方をされるが、離婚は感情の問題なのだと思う。まずそこにある自分の苦しい感情を見つけて認めてあげなければ、それを解決することはできない。表面的に解決したとしても、あるいは離婚という形の解決を選択したとしても、その苦しい感情が作りだす問題がまた別の形となって現れては「再発」を繰り返す。それは私自身の実感でもあった。

では解決策はそれほどむずかしいのか。あんがいそうでもない、と言ってくれる心強い人物に出会った。60名のカウンセラーが所属する「カウンセリングサービス」の人気カウンセラー・根本裕幸氏である。パートナーシップに強いといわれるアメリカの心理学博士・チャック・スペザーノのビジョン心理学をベースとして、多くの夫婦問題をカウンセリングしてきた氏に、「第三の目」となる「視点」を語ってもらった。

当事者同士だけで解決するのはたしかに難しい、と根本氏も言う。しかしそれを本当の意味で乗り越えることができたら100倍のロマンスが手に入ると断言する。ただしそれはデッドゾーンを通過しなければ起こらない。挑戦する価値は十分にあるだろう。

そして実際にそれを手にした2人の女性にも出会った。ひとりは夫婦として、ひとりは元夫婦として、それまでになかった相手との強い信頼関係と絆を手に入れている。それはそのまま、彼女たちの人生の質と豊かさにつながっている。

それぞれが選択した結論は違う。しかし彼女たちの解決策は同じであり、驚くほど単純だった。

夫婦関係に隠れている3つの感情

夫の本音

「たしかに離婚問題はうつ症状を改善するプロセスと似ていますね。妻に離婚を切り出された夫の本音を言えば、じゃあ明日からおれのシャツに誰がアイロンかけてくれんねん、おれの飯はどうなるねんという（笑）。たぶんそれが一番大きいんだと思う。だからとりあえずここは何とか回避しようと。ようするに嫁の機嫌が直ってくれたらいいという方向になる」

大阪・東京を中心に全国でカウンセリングを行っている「カウンセリングサービス」が受ける相談の7割は結婚、離婚、恋愛などパートナーシップの問題だという。自身も既婚者であり同業である妻との夫婦カウンセリングも行う根本氏は、まずは夫という男の本音をさらりと代弁してくれた。ただし相談にくるクライアントは圧倒的に女性が多い。夫婦問題で相談にくる夫はあまりいないという。

「興味は持つ。カウンセリングが進んでくると妻の態度が変わりはじめて当然いろいろなところにその影響が出てくる。夫から見ると最近妻のご機嫌が直ってあまり怒らなくなった、よしよしと。そのうち、いったいこいつは何をやってるんだろうかと思い始める。そこで奥さんとしては当然夫をカウンセリングに連れて行きたい。でもだからって夫を誘っても圧倒的に嫌だという夫は多いですね」

かねてからそこが不思議だった。離婚した男性に聞くと、離婚するまでにカウンセリングはおろか、第三者に相談したり意見を聞くことをほとんどしていないのだ。妻たちは違う。親や友人など信頼できる誰かに自分の怒りや苦しさを話して相手の意見を聞こうとする。自分の感情や悩みを他人に話すことに抵抗が少ないのだ。

「自分を見つめるのは女性のほうが得意なんです。毎日鏡を見てお化粧をするでしょう。服装とか髪型とか意識が自分に向きやすい。カウンセリング向きなんです。でも男性はもともと意識が外に向く。外で食いぶちを稼いでこないといけませんからね。自分よりも社会に、家庭より仕事に目を向けている」

だから妻からのサインに気づかない。ちょっとした嫌味が増える、食事の質が少し落ちる、化粧が入念になる、さまざまなサインは出ているはずなのにことごとく見落とす。そして気づいたときには手遅れになる。

「やばいと思って夫がカウンセリングに駆け込んできたときには手遅れなことが多い。これが熟年離婚の典型的パターンですよね。体の病気と同じ。仕事ばかりで病院にかけこんだときには体はボロボロになっている。さらにまずいのはそこで焦ってマニュアルに走ってしまうことです」

熟年離婚を回避するためのマニュアルを書いた雑誌や書籍を熟読する。しかし悲しいかな、妻と向き合いましょうと言われてもどうすればいいかわからない。マニュアルは一般論だから、そのまま自分や妻に当てはめてうまくいく確率はとても低い。それで、いきなりセックスの誘いをかけて鼻先で笑われて落ち込んだ、という話もよく聞く。10年、20年と不満と我慢をためこんできた妻にしてみたら「いまさら何よ」というのが本音だろう。はっきり言うなら「うざい」のだ。

「それ多いと思う。今まで家政婦扱いしていたのに急に女性扱いすることはできないですよね。妻にしたら気持ちが悪いんです。やめてよ、もういいからほっといてよと。女性がヘソを曲げたときには本当に男性にはどうすることもできません。少なくとも当事者同士では難しい。男性はどうしても物事を表面的にしかとらえられない。心という意味では女性に比べて浅い、浅くて広いのが男性なんです」

女性は意識が内に、男性は意識が外に向きやすい。心という意味では男性は女性に比べて浅くて広い。意識の働き方、心のつくりの性差をまず前提にして考えると、夫婦の問題は見えやすくなってくると根本氏は言う。

「男性でもフリーで働いている方や経営者の方はまだ女性性が強いので自分を見ることができるんですが、長年組織の中で働いている男性はしがらみにがんじがらめになっている。カウンセリングにこられても、奥さんと向き合いましょうねと言うとすぐ『どうしたらいいんでしょう?』とマニュアルがほしいとなる。でも心の問題にマニュアルはないんですよね。だから小手先のハウツーでやってもことごとく失敗すると思う。じゃあ時間をかけてじっくりやっていきましょうと言うと、ほとんどの人はそんな時間はないと引いてしまう。少し頑張れば何とかなると思ってしまっているんです。そのくらいちょっと夫婦関係を甘く見ているのかもしれません」

あくまでも人生の最優先事項は「仕事」なのだろう。家族のために仕事をしているんだという思いの一方で、仕事に影響することはできるだけ排除したいという本音がある。つまり仕事以外のことで煩わされたくない。カウンセリングはもちろん、妻と向き合ったりぶつかりあうことにエネルギーを使いたくない。しかしそうして生きてきた結果が離婚なのである。

「それも男女の違いのひとつですよね。女性はマルチチャンネルにものを見る。男性は獲物だけ見ています。他のことに目をそらしたらおまんまが食えなくなりますから。獲物だけ見て他はカットしないと。ふだんからそういう生き方をしているから夫婦関係も仕事感覚で見てしまうんですね。じゃあ次は何？　次は？　次はって、こなそうとしてしまう」

女性が獲物だけを見て他をカットしていたら大変なことになる。料理しながらもつねに寝ている赤ん坊にアンテナを立てているからこそ、危険を察知できるのだ。もちろんどちらが正しくてどちらが間違っているということではない。ただお互いに違うんだ、ということを知ることから今までとは違う視点が生まれる。その視点で「感情」というものを見ていくと、見えなかった問題点が見えてくる。

妻の本音

根本氏のもとにやってくるクライアントで「どうしたら離婚できますか」と聞いてくる妻は意外と少ない。多くは、離婚は考えているができれば離婚したくない、修復できる可能性やその鍵を探すためにやってくるという。

「離婚を決めている方はカウンセリングよりも弁護士のところに行くんじゃないでしょうか。同じお金払うなら弁護士に相談してこのケースなら慰謝料なんぼとれますか？　どうしたら離婚できますかと」

たしかに離婚をした女性でも離婚を決意するまでにカウンセラーに相談に行ったという

話はそれほど聞かない。心理学的なものの見方がこれほど身近になってはいても、一般的にはカウンセリングはまだ敷居が高い領域なのかもしれない。

「そうですね、ただその敷居の高さのおかげでいい意味で自分と向き合うモチベーションのある方しかこない。カウンセリングを受けるまでに本を読んだりうちのホームページを読んだりしてくる方が多いので、自分ではそうと気づかなくても自分と向き合う準備ができている方が多いですね」

自分と向き合う。夫に感じている感情を自分自身にもってくるまでが一つの山場で、本当の意味でのカウンセリングはそこからがスタートだという。しかしそのためにはまず、長年溜め込んできた夫に対する感情を吐き出す作業が必要になる。

「必要というより、みなさん自然とそうなります。まずダンナに対する不平不満、愚痴、恨みつらみがダーッと出てくる。さらには寂しさ、悲しみ、苦しみがあふれてくる。そうしたものが結婚年数とともに大きくなってきて、どうしてもダンナのせいでダンナのせいでと相手のせいにもしてしまう。ダンナは仕事ばっかりで家のことも子どものこともやらないで私が一人で頑張ってきたんですよね、というのが一番多い訴えです。わかってくれない、認めてくれない、見てくれない、という長年の不満が最初に出てくる。でも本当に言いたいのはそれくらい自分は頑張ってきたんですと。でも何のためにそんなに頑張ってにきたんでしょうね？　というと、ほんとうは家族のため、ダンナのためなんですよね。にもかかわらずあいつはわかってくれてないと不満になるわけです」

わかってくれるどころか「三食昼寝つき」ぐらいの勢いで見られていると感じる妻は多い。子どもはうまいこと育って当たり前、家がきちんとなっていて当たり前、家計をやりくりして当たり前、近所や親戚づきあいをうまくこなして当たり前。それにどれだけの気力と体力と神経を使っているか「誰もわかってくれない」のが妻というお仕事なのである。でもそれは夫にしても同じ気持ちなのかもしれない。

「そう。もちろん仕事が好きでそっちに逃げてる面もあるし、叩けば出てくる埃《ほこり》もある。でもなんでそこまで働くのかと聞くと、やっぱり家族、嫁のためになんですね。お互いがそこで頑張ってるんですけど、それでお互い余裕がなくなって相手の頑張りが見えなくなってしまう。私ばっかりという涙の訴えになる」

そこで「ダンナが悪いんだからダンナに何とかしてもらおう」とか「おれひとりの問題なんだから外で何とかしてくるわ」とやってしまうと問題は複雑になるという。まずは私自身、というところに持っていくこと。つまり自分の本音に向き合うことが大事になる。

しかし積年の恨みつらみをそう簡単に自分に向けられるものだろうか。

「相手ばかりに意識がいくというのは、いい意味でも悪い意味でも自分をないがしろにしているんです。人に気を使いすぎる、顔色を見てしまう、あるいは我慢とか犠牲とかで自分を放置してしまっていることが多い。そうしているのは実はパートナーに対してだけでなく、あらゆる人間関係に出ているはずなんですよね」

人は誰でも自分の「パターン」というのを持っていて、それはあらゆる人間関係に出ているはずだと根本氏は言う。会社での上司、同僚、部下との関係も、過去の恋愛関係や親子関係などが影響していたりする。そして、そのパターンがもっとも色濃く出てくるのが夫婦関係だというのである。

「そう、それと深いレベルで見ると夫に向かっている怒りや悲しみは必ずしも夫にだけではなく過去の恋愛や親子関係の中で培われた問題だったりする。いわゆる過去の満たされなかった思いが夫に向くことも少なくないわけです。そこに気づくと長い目で見れば夫婦関係が改善していくケースは多い。ただ過去とのつながりが見えたとしても、伴侶に対する恨みやつらみが大きすぎて今に執着してるとなかなかそうは思い切れない。ここが最初の一番難しいところ。でも女性の場合はたいてい初回2時間のカウンセリングで気づいてくれますね。ただしこういう話は男性にしてもなかなかピンとこない（笑）。自分を見る、感情を見ることのキャリアの違いなんですね」

しかし感情に鈍感であっても感情が乏しいわけではない。むしろ夫婦関係においては、夫の隠れた感情が大きな壁となっていることもかなりあるという。パートナーシップにおける大きな壁となるもの、それは「罪悪感」「恐れ」「恥ずかしさ」というきわめて人間的でやっかいな3つの感情だというのである。

罪悪感　逃げの心理

「夫婦を10年、20年とやってればお互いに突つかれて痛いところがいっぱい出てくる。つまり内心では、自分はいい妻ではない、いい夫ではないという罪悪感をどこかで持っているんです、実は。ところが罪悪感が大きすぎると相手を攻撃し始める。とくに男性がよくやるのはぜんぶおれのせい、おれが悪いんだと背負い込んだふりをして逃げる。外に意識がいくというパターンがこういうところにも出てくるんですね」

仕事に逃げる、浮気に逃げる。あるいはボランティアに逃げる夫もいる。究極的には離婚も逃げなのかもしれない。そして離婚を考える妻の不満のトップは夫が問題に向き合わずに逃げた、逃げ続けたことなのだ。

「罪悪感という感情は加害者の心理を作り出します。まあ事故にたとえると解いたほうですね。だからできるだけ被害者（＝妻）からは逃げたいわけですよ。この罪悪感というのが夫婦の問題としてはすごく大きな壁というか溝になるんだと思う」

　しかも罪悪感という感情は自分ではもっとも気づきにくい感情だ。お金、セックス、贅沢、悪口、怠けること、自由など、大好きなものにさえ実は罪悪感を持っていたりする。巧妙に、わかりにくい形で身につけてしまっている感情なのだ。

「そうなんです。罪悪感ってふつうにそのへんにあります。大人になるほどこの罪悪感は強くなるんですが、とても気づきにくい」

　しかしとうぜん被害者としてはそこを突きたい。自分の気持ちをわかってほしい、わかり合いたい、伝えたいと思うほど、相手に罪悪感を感じてほしいという話の流れになる。

「とくに女性は感性が豊かだから痛いところを突くのが抜群にうまい。罪悪感を突つくのが上手なんですね。それこそピンポイントで爆撃しますから。男はぴゅーっと逃げますよ。しかもその威力に気づいていない女性も多いんです」

　しかし罪悪感が強いというわりには自分の非を絶対に認めない夫は多い。妻のはらわたを煮えくり返らせるのはそこでもあるのだ。

「罪悪感って麻痺するんですよ。初めは悪いことと思っていても、繰り返すうちに自分を納得させようとして、おれは悪くない、おれは正しい、仕方ないんだと正当化しようとするんです。そうして徐々に罪の意識を麻痺させていく。犯罪でも凶悪犯ほど自分の罪を認めないです。罪を認めたらとんでもない罰を受けなければいけないというのが罪悪感なんです」

悪いことをしたら罰をうける。一生妻に頭が上がらず妻の支配下でコントロールされることになる。そういえば結婚に関するある意識調査で男性が何より恐れているのは「自分の人生をコントロールされること」だと読んだことがある。

「そうなると絶対に非は認められないわけですよ。認めた瞬間にあと一生お縄ですからね。それを避けたいと思うと、いやおれは悪くない、おれは悪くないとなる。でも実は心の中では何度も何度も『ごめんなさい』を言っている、それくらい自分を責めているんです」

妻としては「ほんまかいな」と俄かには信じられない気分だろう。少なくとも表面的に出ている夫の言動は幼稚な言い訳だったり、ときには逆切れすることすらあるからだ。

「自分で『ごめんなさい』という言葉を禁止してしまっているぶんだけ、いっぱい言い訳を考えたり逆切れして嫁さんを責めるようになってしまう。でも自覚しているしていないにかかわらず、心の中では自分を攻撃しているんですよ。で、自分自身をこれ以上責められなくなったときに逆切れは起こる。それが暴言や暴力になることもある」

セックスレスで悩んだ妻たちが深く傷ついたのは、話し合いを求めたときの夫の逆切れと信じられないような暴言だった。その反応に強すぎる男のプライドとコンプレックスを妻たちは感じていたが、それを自責と罪悪感という感情に置きかえると納得がいく。心がぎりぎりまで追いつめられたら攻撃という防御に出るしかなくなる。

「罪悪感が作るプライドもあるんです。言ってる本人も『おれは何てこと言ってるんだ』と思いながら、あふれ出したその攻撃的な感情は止まらない。仕事で疲れているからという言い訳も同じ。こき使う会社のせいにすれば自分が責められずにすむ、これは『犯人探し』というひとつの心理なんです」

しかし攻撃された妻はたまらない。愛し合いたいというごく自然な欲求を「おまえはおかしい」と否定され、向けられた背中で拒絶される。夫のプライドを傷つけた自分に罪悪感も持つ。疲れているから、というおざなりの言い訳の後にせめて一言フォローがほしい。ごめんね、でも、すまない、でも。それがあれば「じゃあくっついて寝ていい？」と気まずい空気を変えることだってできるからだ。

「そう、『ごめんね』という言葉は実はすごいパワーを持っている。人は誰でも心の中に抑圧された『ごめんなさい』をいっぱい持っている。優しくできなくてごめんなさい、大切にできなくてごめんなさい、傷つけてごめんなさい、迷惑かけてごめんなさい。でもそれを認めてしまったら、一気に噴出して最悪の気分になり相手に嫌われてしまうと思っている。セラピーのなかでそうした潜在意識に抑圧されてきた『ごめんなさい』がたくさん出てきて、自分でも何を言っているのかわからなくなって混乱する方もいます。でもそうやって心を解放していくとどんどん表情が明るく変わっていく。それくらい『ごめんなさい』という謝罪の言葉は許して癒すパワーのある言葉なんですね」

「ごめんなさい」は相手に許しを求める言葉ではなく、自分が自分を許す言葉だという。相手に許してもらおうとすると「いまさら謝っても遅い、許してもらえるわけがない」と決めつける。つまり自分が自分を許さないのだ。

「言葉で伝えられなくてもいいんです。心の中で奥さんの顔を思い浮かべて「ごめんね」と声に出して言ってみる。心が軽くなるまで何度も何度も。言いながらどんな感情が出てきてもかまいません。不思議とさっきまでの自分とは違う、解放されて自由になった自分を感じるはずです」

これは私もやってみたことがある。やってみると嘘のように心が楽になって驚いた。「ごめんね」とひとつ言うたびに自分の中で何かがゆっくりとほどけていく。声のこわばりがとれていく。思い浮かべる相手の表情がやわらかくなっていく。罪悪感や自己嫌悪はできれば認めたくない苦しい感情だ。でもどんなに苦しい感情も認めてそのまま受け入れるだけで癒される、という新鮮な発見だった。

「不思議なんですが、相手の自分に対する態度がだんだん変わってきたりもします」

心理学にはミラーリングという言葉がある。相手は自分の姿を映し出してくれる鏡だとする考え方だ。遠慮のいらない夫婦関係はより精密な鏡となる。自分がにっこりすれば当然鏡である相手もにっこり微笑む。もちろん鏡に映し出されるのは肉体ではなく自分の心だ。だからその場をおさめようとする口だけの「ごめんなさい」を何度言っても、鏡に変化は起こらないのである。

夫の恐れ　妻がコワい

「もうひとつ、この非を認めないというのは競争というのがけっこう絡んでいる。夫婦間がライバルになるんですね。負けたら終わりという主導権争いになる。嫁の言うことに関してはとりあえず否定してダメ出ししておかんかったらいつ飲み込まれるかわからないという弱肉強食の関係性になってしまう。そうなると、非を認めないというより、何でも否定になることもある。妻が白やと言うと、いや黒や、じゃあ黒かと聞くと、いや赤やと」

ただし実際にはこの競争心は無意識であるためお互いに気づきにくい。相手の一言一言にトゲを感じる、反感を覚える、言葉の裏をあれこれ読む、逆に自分の発言に慎重になるなどの「症状」に心当たりがあれば、競争の罠にはまっていると考えてもいいらしい。

「つまりそれは夫婦のコミュニケーションにとても緊張感が走るようになっている状態。

そして緊張感ばかりが強くなると、その関係から目をそらしたくなって問題を起こしたりします。浮気とかセックスレスとか。つまり問題を作ることでパートナーから目をそらしたいんですね」

安らぎを求めて自分だけさっさと浮気に走る、それはないだろうと妻たちは怒っているのだが、そこで切れても逆効果だと根本氏は忠告する。なぜならそこにあるのは「妻が怖い」という感情だからだ。

「とくに浮気は妻に愛想をつかしてするケースだけでなく妻を恐れて防衛的に浮気するケースもとても多いです。その場合、奥さんがとても傷ついて『なんで浮気なんかするの！』と切れてしまうと逆効果なんですね。夫から見ればもともと怖い人が余計怖くなるだけで、ますます戻ってきにくくなる」

少なくとも浮気をされた妻の傷つき方はまったく違う。ほかの女性に走ったということは女としての自分を否定された、と感じる。自分よりも相手の女性を選んだ、その時点で女として妻としての自信が危機にさらされる。もっと言えばこれまでの結婚生活すべてを否定されたような気分に突き落とされるのだ。まさか夫が浮気する理由が「妻が怖い」であるなどとは夢にも思わない。

それになぜ怖いのか、さっぱりわからない妻は多いに違いない。少なくとも表面的には夫を立てている。夫もそれなりにいばっている。それぐらい表面的には「夫を立てている」妻が多いからだ。しかし表面的なふるまいとは必ずしも関係がないという。

「競争には勝ちと負けがありますよね。しかし表面的なふるまいとは必ずしも勝ち組がするものではないんですね。ときに負け犬の遠吠えとか、一発逆転を狙った自爆行為になってしまうことも多い。それと表面的には夫が勝ちで平和的にふるまってる夫婦でも実は逆のことが多い。むしろうちはおれが勝ってると感じるとしたらきっと夫は負けの状態で、私は完敗だわと思うとしたら圧勝のことが多いんです。意外かもしれませんけれど」

「負けを認めるのは屈辱的だから意識的には勝っているつもりでいる夫」VS「勝ってるけどいろいろ面倒だから負けてるふりをしている妻」という、複雑な心理構造がそこには働いているというのだ。言われてみるとそういう夫婦は少なくないかもしれない。「立てている」という時点ですでに優位ともいえる。しかし実際には負けている夫はその屈辱をどこかで挽回したいと外の女性に向かう。怒り心頭の妻にとってはこれ以上ない都合のいい言い訳に聞こえてしまうが、あくまでも無意識の領域での動きであって、これが「第三の視点」なのである。

「まあ、そもそも夫にとって妻は怖い存在なんです。世の中で一番コワいのは嫁って、あれは本心だと思います。とくに子どもを育てているお母さんはつい夫を子どものように扱ってしまう。靴下脱いだら洗濯機へいれなさいとか、日常生活のこまごましたところからお小言が出てくる。子どもの教育上もあって夫にも厳しくなる」

それがいちいち正しい。正論だから反論ができない。

「しかも痛いところ突つくのが上手。まあ口では勝てないし口答えできない状態。もう何も言えねえよおれは、というのが夫の本音」

しかしそうした関係は夫にとって本望でもあるのではないか。妻を母親のようにしている、母親でいてほしいと望んでいる夫は圧倒的に多いと思う。何でもやってくれる、何でも許してくれる、それは妻ではなく母親だからだ。

「まあそうなんですね。本音を言えば理想は面倒見のいいお母ちゃんなんです。で、お店のお姉ちゃんにホイホイと相槌打って自分の話を聞いてもらいたい。ひとつはそういう親世代を見て育ったからという理由があります。結婚すると男と女を捨ててお父ちゃんとお母ちゃんになってしまうわけです。これまではそれでいい時代だった。今はそうじゃないんだけど、男性は変われない。というより、自分は関係ない、とか、仕方ないと思いたいんですね」

気づきたくないことは気づかないほうがいい。気づいてしまったら動かなければならなくなる、自分を変えなければならなくなる。しかしその重たいお尻をもちあげる動機になるのも「恐れ」だ。妻が怖い、しかし離婚はもっと怖いという……。

妻の恐れ　犠牲の心理

離婚する妻の心理を一言で言うならそれは「報われなかった」という悲しみと怒りだと思う。家事、出産、子育て、地域や学校とのつきあい、家計のやりくり、姑との攻防やうるさい親戚とのつきあい、そして夫の健康管理や機嫌までみてきた。それら妻としての煩雑な諸々を仕事をしながらこなしてきた妻も多い。しかも多くの妻はそのことにとりたてて不満も抱かず「ふつうのこと」としてやっている。女性は基本的にそうとう人が好いのだと思う。

しかしそのぶんそれが報われなかったときの傷つき方は半端ではない。毎日深夜帰りの夫を支えて2人の子育てをしてきた友人の専業主婦は、夫の浮気を知って激怒し、涙ながらにこう訴えた。

「相手の女に送った花屋の領収証が出てきたとき、ふざけるなと思ったの。私はゴムがゆるゆるになった靴下を捨てずにはいて少ない給料をやりくりして家族のために貯金してきた。そういう私の努力は何だったんだろうって」

つまり自分のことは後回しにして、つねに家族のため家庭のために我慢してきたのだ、と彼女は言いたかったのだろう。それが報われなかったことが怒りを倍増させる。しかしなぜ妻はこうも自分を犠牲にしてしまうのか。彼女が言うようにその努力はいったい「何だったのか」。実はそこにある感情も「恐れ」だ、と根本氏は言う。

「本当はしたくないんだけど恐れや不安を感じてやってることってありますよね。男性なら上司に嫌われて出世できないのは怖いから機嫌をとっておこうと、これが犠牲です。パートナーシップにおいてはとくに妻が自分を犠牲にしていることが多い。嫌われないように嫌なことも我慢した、夫が不機嫌になるのが怖くて笑顔を作った。浮気されないように少々嫌でもセックスに応じた。この恐れを回避するように行動を選択するというのは誰にでもある。小さいころから身につけさせられてきたパターンなんですね」

たしかに親は「恐怖心」を使って子どもをしつけて「教育」する。私も2人の息子に十分にしてきた手口だ。

「早く寝ないとゴジラがくるんだよ」と言うと息子たちは青くなって布団にもぐりこんだ。恐怖によってコントロールすることに罪悪感ももたなかった。「そんなことしてると怖いおじさんがきて連れて行かれちゃうよ」と私も親から言われ、教師も近所のおばさんも大人という大人から脅かされて育ったからだ。気がつくと「こんなことしたら人から嫌われてしまうかも」と自分で自分をコントロールできるようになっていた。それがどれほど自分を苦しめていたかに気づいたのはここ数年のことだ。

「もちろんある程度の気遣いは協調性として長所になりうるものでもある。でもそれが過剰になってしまうと、今度は犠牲となって感情の我慢、抑圧を作り出します。ところが残念ながらその結末はというと、その恐れたことが現実のものとなってやってくることが少なくないんですよ」

「〇〇にだけはなりたくない……と思っていると〇〇になってしまう」という格言が心理学にはあるという。恐れていることほど現実になりやすい、マーフィーの法則と同じだ。たしかに「報われなかった」現実は「こうはなりたくない」と思っていた現実そのものだったというのは、今回の妻たちのケースの中にもあてはまる。いったいそれはどういう心の作用なのだろうか。

「人間って目に見えるものだけではなく感覚も使って生きている。恐れから行動を選択するとき、どんなに隠したつもりでもそこにある悲痛さや切迫感は相手に伝わってしまうものなんです。顔で笑って心で泣いても、それが続けば相手に伝わる。たとえば浮気されないように頑張ってる妻の姿が、逆に夫にあらぬプレッシャーを与える結果になってしまうこともある。女っぽさを夫にアピールする裏側で、こんなに私が頑張ってるんだからアンタ浮気しないわよね、なんてメッセージ（＝脅し）を知らず知らずに送ってしまっていることもあります」

もちろんメッセージを送る側も受け取る側も無意識なのだ。浮気された（させた）ほうも、浮気した（させられた）ほうも「何でこうなってしまったのか」、自分の頭で考えてもわかるはずがない。それを知っていく作業がカウンセリングになるのだろう。

しかし、罪悪感と負けず劣らず恐れという感情は自覚しにくい。しかも自分で思おうとしなくても瞬間的に思ってしまう、あるいは自動的に作動するのが恐れという厄介な感情なのだ。それを手放して犠牲をやめる手立てはあるのだろうか。

「あります。することは同じでも動機は変えられる。恐れからではなく幸せから選択することはできるはずです。上司に嫌われないように仕事を頑張るのではなく、いい仕事をして満足できたら自分が幸せだから頑張る。浮気されないためにではなく、おしゃれをすると自分が幸せだしついでに夫も喜ぶだろうと考えて女を磨く。今の状況を楽しむために、喜びのために自分を変えていくことは可能なんです。そう思ってやったほうが仕事の効率も上がるし女も上がります」

恥ずかしさの心理

罪悪感と恐れ。しかしパートナーシップにおいてもうひとつ、大きく立ちはだかる壁があるという。恥ずかしさという感情、日本人の専売特許ともいえる難題だ。

「とくに中年というか、30代以降の夫婦の問題はほとんどこの恥ずかしさ一言で片付けられるくらいに大きな壁になっていることが多いです」

夫婦でありながら、何がそんなに恥ずかしいのか。

「家族になってしまうと、向き合うこと自体が恥ずかしいんですよ。とくに日本人はお母さんにありがとうっていう言葉ひとつ言うのも照れるでしょ、とくに男性はね。妻に、いつもありがとうなって言ったら、熱あるの？　という反応が返ってきたりする。それくらいコミュニケーション自体が恥ずかしくなっちゃう。夫婦の間に恥ずかしさの壁がドンと立ちはだかるんですよ。で、セックスって裸になるわけだからさらに恥ずかしいことなんですよね。だからうちの妻はあまりエッチが好きじゃないんだっていうのも、たぶんお互いの恥ずかしさが邪魔して雰囲気を作れない場合が多いんです」

だからどうしても「いきなり」になる。会話やスキンシップの延長線でセックスにもつれこむのではなく、そこだけ独立したイベントになってしまう。メイクラブではなくザ・セックスになってしまう。妻からすればムードもへったくれもない「自分本位で味気ないセックス」に感じてしまうのである。

「そう、奥さんをほんとにそう扱っちゃうんですけど、女性もそれを受け入れちゃうんですよね。嫌われるのがコワいとか、不機嫌になられると面倒くさいとか、夫婦なんだからしなきゃいけないとか。でもそうすると、それでいいんだという学習をお互いがしちゃう。そこから、早く終わってね、とか、今日はもう疲れてるから、とかいう方向にいきがちなんですね」

そもそも多くの女性には「女性からセックスを求めるのは恥ずかしいこと」という強烈な思いが根強くある。セックスは求められて応じるもの、その思い込みがセックスレスの問題をさらにこじらせる。自分から求めること自体に傷つき、拒絶されて打ちのめされてしまう。

「セックスレスになった原因というのは実はなかなかわかりにくいところにある。一言で言うとセックスに対する思い込みが多いんです。たとえば結婚して夫婦になるとセックスはするもの、必要なものという風に思い込んでしまう。子どもを作るため、安定的な夫婦関係のため、あるいは愛されてることを感じる手段として。夫婦だから仕方ないと思っているとしたら、そこでのセックスは我慢や苦痛の連続になりますから、やがてはほんとうにつらくなってしまいますよね」

義務と演技。その無理は必ず表に現れているという。

「求められた時に一瞬表情が曇ったり、早く終わらないかなとどこか遠い目をしてみたり、つい疲れてるからと拒絶してしまったり。そうなるとお互いに全然楽しめなくなりますから、やがてはセックスレスになりやすい」

さらにセックスレスの問題がこじれやすいのは女性がセックスを「愛情表現」として捉えていることもあるという。セックスがない＝夫から愛されてないという不安と不満を強く感じてしまうからだ。

つまり本当に望んでいるのはセックスそのものではなく、愛されているという確認であったりする。たしかにそうだ。

「カウンセリングを進めていくなかでそこに気づく方は多いですね。『なんか、今、ダンナに求められても応えられないような気がします』とか、『今はむしろ、私のほうがセックスしたくないんです』と言われる方も少なくない。セックスがあったときは夫の期待に応えていただけなので、夫が誘わなくなったらそのままセックスレスになってしまうわけですね。また心の深いところでは本当はセックスしたくないという気持ちが隠れていたりすることもある。不思議なことですが私たちの表層意識と深層心理には、そんな真逆の気持ちが隠れていることが少なくないんです」

心の奥ではセックスをしたくないと思っている自分がいる。とくに女性の場合はバージンブレイク、初めてのセックスがトラウマになっていることが多いという。たしかに「自分はしたくないけど大好きな彼のためにしかたなく」応じた女性はほとんどではないかと思う。あるいは夫とのセックスに不満があるけど我慢していた、演じていたという妻も多い。あくまでも想像だがそうした女性側にある「それだけが目的なの？」という不満が相手に伝われば、それは男性側のトラウマとしてセックスレスの原因にもなっているのかもしれない。

「そう、基本的には『やらせていただいている』という思いが男性の中にはある。これが罪悪感で、男性はセックスに対して先天的に罪悪感を持つんです。だから良かったかどうかにすごく不安がある。テクニックに走ったり『いいか？』とか『イった？』って聞くのも不安だから。そういう意味では女性より男性のほうが繊細なんじゃないかと思います。うまくいかなかったときに自分を責めるし、次のセックスがうまくいくかどうかという恐怖心がある。よっぽど自信がある男性でないかぎりセックスってすごく気を使う行為なんですね。うまくいかなかったときに自分を責めるし、次のセックスがうまくいくかどうかという恐怖心ができる。だからもうええわって、気を使いすぎて疲れちゃってめんどくさくなってしまう。セックスはないけど自分で処理してる人も多いんです」

セックスはしないけど妻のことは好きだ、という夫は多い。セックスだけが夫婦の愛情表現ではないと考える夫もいる。何より、セックスレスだけど仲のいい夫婦というのはいくらでもいるのである。だとしたら、セックスレスは解決すべき問題なのだろうか。

「僕らから見ると、セックスレスだけど仲はいい夫婦というのは実はものすごい深刻な問題持っていることが多いんですね。セックスってとても深く親密なコミュニケーション方法だから、たとえば仲はいいけど深い話ができないということがよくある。たとえば子どもがいない夫婦だと、まわりからも言われるしお互いひっかかるけど、セックスができない。でも将来のこと、子どものことを話すとダンナが嫌な顔するからそこに触れない、だから仲がいい。つまり痛いところに目をつぶっている状態なんですね」

深い話ができない。それは人生や哲学を語ることではなく、2人にとって大事な問題に向き合うことができないことだ。そのことでぶつかりあうことができない、つまり喧嘩ができない。

「つまりコミュニケーションの問題なんですね。セックスはしてなくても喧嘩がコミュニケーションという夫婦もいますよね。子どもから見てもなんでうちの親は喧嘩ばっかりしてるのに別れへんのやろと思うような。でも喧嘩ができるというのは、ちゃんとぶつかり合えているんですね。だから夫婦の状態を簡単に見分けるとしたら、最近いつセックスしましたか、最近いつ喧嘩しましたかという質問をする。喧嘩もセックスもない夫婦ってパートナーシップの観点から見ると非常に危険なことが多いんです」

喧嘩とセックス。どちらも向き合って、しかも自分をさらけ出さないと成立しない行為だ。

「性格も価値観もすべて合わないけどセックスだけはしている夫婦もいますよね。本人もなんでしてるのかなと不思議がっている。でも僕らから見ると、セックスだけできるというのは実は深いところでつながっている。むしろ安泰かもしれません。意識的には合わないところいっぱいあると感じていても」

卒業という形の離婚

喧嘩とセックス。そして深い対話。

離婚を考えるかどうかに関係なく、妻たちが求めているのは夫とのつながりを感じることのできるコミュニケーションだろう。しかしそれは日本の夫たちがもっとも不得意とする科目なのだ。07年、定年した夫たちの間で心理学の勉強やカウンセリングを受けることがブームにでもならないかぎり、熟年離婚はますます増えるのだろうか。

「コミュニケーションの問題を日本人は軽視する。男女という関係でいえば欧米では女性をほめるのがマナーだし、イタリアにいたっては女性を口説くのはマナーだと思っている。日本人の男性はそういう関わり方をほとんどしてきていないので。だから企業の講演会で嫁さんとの関わり方って話をするとすごく引くんですね。クラブのお姉ちゃんとの接し方というと飛びつくんですが（笑）。だからまず挨拶からはじめましょうと、そこからがスタート。そのくらいコミュニケーションしない。ありがとう、からですね、日本の男性は。長い道のりですが確実な一歩、それができれば夫婦関係は確実に変わります。だから『何よ今さら』と言われるところからスタートなんですよ」

しかしその長い道のりを妻が待ってくれるかどうかはわからない。実際、根本氏のもとに夫がかけこんできたときには手遅れ、というのが熟年離婚のパターンなのである。

「それはそうなんです。うちの例でいうと、奥さんが夫婦関係を何とかしたくてまず自分がカウンセリングにくる。その中で自分を見つめてだんだん精神的に自立していく、より強くなる、つまりさっきの競争でいうと勝ち組になってくる。そうするとダンナに魅力を感じなくなってくるんですね。そこでダンナがやばいと思ってカウンセリングにかけこんでくるとする。奥さんから言わせると何を今さら、と。これ熟年離婚の典型パターンなんです」

反応速度が遅いのだ。妻は「子どもが成人するまでは」と10年も20年も前から離婚を決めて我慢してきている。つまり、夫につきつける離婚届は膨大な時間をかけて練りこんだリベンジ計画なのである。根本氏の言葉を借りれば「30年間ずっと勝利していたはずの夫が、退職と同時に妻から離婚を切り出されて、それまでの勝ち分が一気に帳消しになる」

のが妻の描いた夢なのである。

「たしかに反応速度は遅い。離婚を切り出されても何で離婚をしなきゃならないのかがわからない。だっておれたちうまくいってたじゃんと。そのくらいちょっと男性は鈍感なんですね」

男性が鈍感だとは思えない。多くは社会の中で仕事をしてそれなりの成果をあげてきている人たちなのだ。人の心の機微がわからなくて上司を持ち上げたり部下や取引先の信用を勝ち取ることなどできないだろう。その労力を妻には向けなかった、妻に関心がなかっただけなのだと思う。だから妻が傷ついてきたことに気づかない。妻が離婚を考えるほどズタズタに傷ついていても「おれはいい夫だったはずだ」という揺るぎない自信を持っている夫もいる。モラル・ハラスメントの夫たちの要素はどの夫にもあるのではないだろうか。

「多いですよね。言葉の暴力、精神的DVという言い方もできるけど、相談にこられるケースでもとても多い。夫は自分の言葉で妻がそんなに傷ついてるとは思ってないし、妻もなぜこんな小さいことで自分は傷つくのかと、傷ついてる自分にショックを受ける。ダンナに悪意があって言ってることじゃないと頭ではわかるんだけど心が痛んでいるという状態からスタートすることが多い。それが積み重なっていく」

モラル・ハラスメントにしろ精神的ＤＶにしろ、特殊で例外的なことのように思われがちだが決してそうではない。母親として自分の中にも思い当たるし、これまで取材してきた夫婦や身近で見聞きする人間関係の中にいくらでも見つけることができる。とくに心理的に距離が近い人間関係ではふつうに起こっていることだと根本氏も言う。

「ちょっと専門的になるんですが、心理的に距離が近ければ近いほど自分自身を扱うように相手を扱う。多くの人はみんな自分に厳しいですよね。自己嫌悪というのは自分をバカにしたり自分を攻撃していることですから、身近な人にも同じような攻撃をしてしまう。親子関係は典型ですが、仲のいい上司とか同僚とかそういうところにモラハラの要素というのはものすごく起きやすい。かんたんに言えば健康のために朝5時に起きて体操しようと。自分だけやるならいいんですが、家族にも起きろーみたいな感じでやってしまうと家族は『うざいわあ』となるでしょう」

愛のムチだと思ってやっていることが相手をズタズタに傷つけていることはある。よく子どもを虐待死させた親が「しつけのつもりでした」と言うが、ある意味、本気でそう思っているのかもしれない。そう考えるとモラハラの夫たちが妻への厳しさを「教育」と思っているのもうなずける。

「ＤＶに関しては、殴っているのは嫁じゃなくて自分なんですね。自己攻撃っていうのが外に出てＤＶになる。だから自覚がない。嫁と自分の区別がつかない。自分を殴ってる、だから止まらない。はっと我にかえって『あ、嫁だった』って驚いて、なんてことしたんだーって優しくなってまたガーっと自分を責める。責めて責めて、また嫁との境目がわからなくなって殴るというこの繰り返しがＤＶですよね。モラハラも細かく見ていくとそういうものも働いている」

そういう意味では離婚することが最善の解決である場合もある。ただしできれば「卒業」するという形での離婚が望ましい、というのが「プロ」の意見だ。

「お話ししたように、夫婦の中で出てくるパターンというのは必ず他の対人関係にも出てきます。なぜこういうことが起きたのか、そこを見つめて何かを学んでいわば卒業するという形の離婚でないと、おそらく同じトラブルが他の近い関係に出てくる。新しいパートナーとか、子どもとの関係とか、社会での人間関係にもやっぱり出てくると思います」

自分の中にそういう相手を引き寄せるフックみたいなものがある。それが自分のパターンだ。せっかく縁あって引き寄せあったのだから、そのパターンを見つけて、受け入れて、手放して卒業したほうがおトクであることは間違いない。自分を知ることで何より自分が楽になる。そもそも他人だった男女が夫婦という形をとって角を突きつけあうことの意味は、そこにあるのだと思う。

「卒業しないで離婚しても、次もまた似たようなのがきます。似たようなというか、もっとひどいのがくる。『神様からの試練』なんて僕たちは呼んでいるんですが、自分のパターンに気づくまでどんどんきつくなっていくんです」

離婚の回避も同じかもしれない。問題から逃げて向き合わなければ状況はどんどんきつくなっていく。なぜこうなってしまったのか。そこに自分のどんな苦しい感情が隠れているのか。そこを見つけなければ「元の鞘」に収めたとしても、向き合えない孤独と寂しさは募るだけなのではないだろうか。

何事も理由《わけ》あってやっている。個人的な目的、隠れた動機がそこにある。それに気づくと合点がいく。なるほどそうか、そういうことだったのかと。そこに至って初めて自分のほんとうの本音に気づくこともあるという。

「合点がいくというのは悟りみたいなものなんです。そのときに、ああ、やっぱりこの人が好きなんだなあという理屈抜きの本音がぽっと出てくる。嫌なところあるし、性格も汚いしスタイルもよくないけど、でも私はこの人がいいんだなあっていう気づきですよね。でもそれはやっぱり、これはもうダメかもというデッドゾーンを越えないとおきません」

あるときスッポーンと抜けて、ベールがはらりと落ちるような感覚。それはカウンセラーとして見ていてもあっぱれな瞬間だという。

「ある主婦の方ですが、カウンセリングを続けながらデッドゾーンのど真ん中にいて、今日こそ離婚届に判を押そうと思っていたそうです。ところがその朝、トイレで3日ぶりぐらいのお通じがあった。で、ほっとしてトイレをでた瞬間にリビングでネクタイをしめてる夫の背中が見えた。その瞬間、なぜか『ああこの人って素敵だわあ』と思っちゃったんだそうです。自分でもびっくりして『え、今の誰の声？　今の何？』って（笑）。でも次の瞬間、うわーっとあったかいものがこみ上げてきて号泣してしまったんですね。ダンナも振り返ったらトイレの前で妻が号泣しているんです。そりゃあ仰天して、何があったんやと。どうしたおまえ、救急車呼ぼうかと。そうじゃないんだけど、でも声にならずにただ泣くだけだったと」

トイレに入る前までは離婚しかないと思っていたのだ。それこそ「誰の声」だったのだろうか。

「その方のほんとうの本音ですよね。それはもう気づかないうちに夫とやり直したいと心の奥底では思っていたのでしょう。心はそれに気づいてもらえる瞬間を待っていたわけです。意識には『この線を越えたら閃く』という臨界点みたいなものがあって、この奥さんの場合、トイレでふっと気が抜けた瞬間にそのラインをぽんと越えたんでしょうね。で、夫が好きだ！ってインスピレーションがバンと降りてきた。作家の方でもトイレとかお風呂の中ですごくリラックスしているときにアイデアがぽっと浮かんだりするでしょ。僕らが自分の本音に気づくときも同じで、心がすごくオープンなときなんですよ」

頭で考えて出てきた結論ではない。むしろ緊張がゆるんで頭がからっぽになったときに舞い降りてくるインスピレーションが心の奥の奥にある本音なのだろう。

「もちろんその前に考えないと出てこないんですけど、考えた結論と本音は別のこともある。発明と同じで、考えて考えて悩んで悩んで『もういいや』って思って手放した瞬間に、あっと閃く」

悩むだけ悩め、だけど逃げるなと。向かい続けていれば、自分にとっての「正解」は意識のどこか別の側面からゆっくりと上昇してきている。そしてそれぐらいパートナーシップにコミットメントできると、なぜか仕事にも変化が表れてくるという。

「仕事はほとんどよくなっていきます。そもそもパートナーシップと仕事は人生の両輪なんですよ。どっちかがうまくいかなくなってくると最初はもう一方がうまくいっているように見えるかもしれませんが、やがては崩れてしまいます。右足を怪我すると左足に負担くるのと同じで、だんだん仕事に支障が出てくるんです」

夫婦関係にきっちり向き合えば仕事がよくなる。日本人のお父さんにとってこれ以上のモチベーションはないかもしれない。

罪悪感、恐れ、羞恥心。人間はこの3つの感情でコントロールされて生きていると聞いたことがある。パートナーシップという夫婦関係においても、ほんとうに向き合うべきは自分の中にあるこの苦しい感情なのだろう。もちろんそれは苦しい作業になる。なぜなら、そこにあるのはプライドとかコンプレックスで、触れられると私たちは耐え難い痛みを感じるからだ。

だから誰もがそこを守ろうとして必死で頑張る。でもよくよく考えてみると、プライドやコンプレックスを守ろうとしたことで自分を不幸で情けない存在にしていることのほうがずっと多い。それが凝縮して出ているのが夫婦関係であり、パートナーシップが人間修行の最高峰と言われるゆえんなのだと思う。

離婚を決意するまでの長いプロセスの中で、妻たちは嫌でも自分の感情を見つめていく。怒り、憎しみ、嫉妬、不安、嫌悪、欲望、嘘と欺瞞……できれば目をそむけたい感情、否定したい自分にフォーカスしていく。夫の目にそれは美しい姿であるはずはなく、ますます外に、仕事に、女性に逃げたくなるかもしれない。しかしその差こそ、離婚後の格差につながるのだと思う。

なぜ離婚するのか。その答えはひとつだろう。幸せになりたいからだ。離婚はあくまでもそのプロセスの中の通過点でしかなく人生はその先も続いていく。自分を幸せにするために人生のどこかで取り組まなければならない作業なら、今やるほうがいいに決まっている。

愛を知る瞬間

「人間としての尊厳、妻が取り戻したいのはその一語につきると思う。私もあのとき切れていなかったら離婚していたかもしれない」

山下緑さん（48歳）は10年前の事件をそう語る。大恋愛で結ばれたサーフショップを経営する8歳年上の夫は、交際中から「男は変われない生き物なんだ、でも女は違う。だからおまえがおれに合わせて自分を変えろ」と緑さんを「教育」した。

「私と結婚する数年前、夫は長く同棲していた婚約者に逃げられるという痛い思いをしている。料理を作っている背中を見ていてふっと『おまえさ、おれと一緒にいてもつまらないんじゃないの』と聞いたら、ふりむいて『そうね』って（笑）。で、その夜家に帰ったらもぬけの殻だったと。でも、それでも変われない。男はそういう生き物なんだって」

しかしその言葉にさほど抵抗はなかった。父親もそういうタイプの夫だったからだ。性格的にも人の役に立てることに嬉しさを感じる緑さんにとって「内助の功」は目指す女性像でもあったという。夫から「妻であり、母であり、恋人であり、有能な秘書。おまえならそのすべてができると思ったから嫁さんに選んだんだ」と言われて、むしろ誇らしかったという。

「学校でも家でも優等生できたので、自分はできる人間だという自信があったんですね。家庭的にちょっと複雑だったので、誰から見ても非の打ち所のない良くできたお嬢さんと言われるように自分に課していた。精神的にもふつうはしないでいい苦労をした部分があって、人がギブアップするところでも私はしない、そういう変な美学があったんです」

しかしその自信と強気は夫という壁にぶちあたってボキボキとへし折られていく。何を言っても否定され、何をやってもダメ出しされた。1年もたたずにボロボロになったという。

「たとえば家計簿をつけていると『この計算はおかしい』とか『なんでこれだけの貯金ができないのか』とか。その言い方がまたきついんです。まだ新米の主婦で一生懸命やってるのにどうしてそういう言い方をするんだろうって」

掃除の仕方、礼状の書き方、料理の仕方、犬の散歩の仕方まで、とにかくすべてにダメ出しされる。傷ついて「どうしてそんな人を追いつめるようなきつい言い方しかできないのか」と涙ながらに抗議しても「おれはそんな言い方していない、おまえがそうとっているだけだ」と頑として認めない夫なのだ。

「私が何か言ったときも『それはおまえが……』ってまず否定から入る。ああそうか、とか、うんそうだね、と言ってくれたことがない。まるでスカッシュですよね。何を投げかけてもコンクリートの壁に当たってバシバシはね返される」

欲しいのはスポンジバリアだった。いったん受け止めてから返してほしい。そう訴えても「おれはそんな言い方してない！」とビシッと返され、なおも投げかけると「おれはこういう言い方しかできないからおまえが合わせるしかない」とバシッと返される。それでも食い下がると「じゃあ離婚しかないな」とトドメを刺された。黙るしかなかった。

「頭の中でいつも喧嘩してましたね。自分の言いたいことを思う存分夫にぶつけている。夫がこう返したら、私はこう言い返して。頭の中でシミュレーションしてるの。でも現実にはどんどん言えなくなっていく。言ってもまたこう言われる、どうせわかってくれない、またああいう言い方をされて傷つくだけだって」

緑さんのように頭の中でつねに夫と喧嘩している妻は多い。それだけほんとうは夫とぶつかり合いたいのだ。わかりあいたいし仲良くしたい。でも現実には言っても無駄だとあきらめる。「言わなきゃよかった」とさらに傷つくことを恐れて何も言わなくなる。

「喧嘩どころか、つねにビクビクして夫の顔色を窺うようになっていった。実際、家庭も会社も私が折れることでうまくいってましたから」

夫は経営者としての才覚だけでなく、スタッフや若い子たちからも慕われる人格者だと緑さんも認める。その夫の片腕として経理から広告、スタッフのケアまでする緑さんは周囲から「内助の功」と言われ、理想の夫婦だと見られていた。しかし塵が積もるように抑圧された感情はたまっていく。そのストレスからか、腰痛や偏頭痛などで体はボロボロだったという。

表面的にはいい夫婦と見られている。でも内面では夫と向き合えないことに苦しんでいる。妻がふっと誰かに頼りたくなるのはこんなときではないだろうか。

「ありましたよ、昔のボーイフレンドに会いに行ったこと。結婚前の仕事仲間の忘年会に呼ばれて、ああ会いたいなって。でも何も話していないのに『幸せじゃないの？』と聞かれてしまって、すごーくみじめだった（笑）。昔の男には輝いている自分を見せたいじゃないですか。おしゃれはしていったけど心はカサカサだし煮干しみたいだったんでしょうね（笑）」

緑さんが体の異変を感じたのは結婚して10年目の秋だった。左足の痺れがだんだん痛みに変わっていき、最後は激痛になった。あちこちの病院をまわって最終的に診断されたのは骨が固まっていく難病指定の病だった。手術しても成功する保証は低く、しなければ最後は車椅子の人生になる。下の子どもはまだ3歳だった。

「痛みに強い私が我慢できなくてわんわん泣くぐらいの激痛なんです。でも痛みが出ても『病院に連れて行って』という一言が夫に言えなかった。夫に痛いんだと訴えることもしなかったですね。なぜって……たぶん不信感のかたまりだったんでしょうね」

もちろん夫は心配してくれた。伝統医学や民間療法を調べては勧め、「おまえの病気はおれが絶対に治してやる」と言ってくれた。しかし素直に受け取れない自分がいたという。

「ほんとうに私のことを心配してくれているのか、それとも私が動けなくなったら自分が困るから心配してくれるのか、そのときの私にはわからなかった。それくらい不信感の塊だったんでしょうね」

心配しているという一方で、夫の言動に「さりげない否定」を感じてしまう。たとえば痛みで動けないときに何かを頼んだときの面倒くさそうなリアクション、痛みを我慢しているときに言った夫の何気ない一言がグサリと突きささる。たしかに人の痛みだけは感じられないし緑さんもきちんと伝えてこなかった部分もある。夫はそれほどの痛みだとは思っていなかったのかもしれない。しかし弱っているときにはささいなことでも深く傷つく。よけいに何も言えなくなる。甘えられなくなる。

自分は弱っていて、相手は夫なのに、甘えられない。ところが、そんな緑さんの心の内を夫が思い知るある出来事が起きた。

「あるとき痛みがひどくなってたまらずに訴えたの。痛いから病院に連れて行ってほしいと。忘れちゃったんですが、そのとき何か冷たい言われ方をしたんだと思う。あきらめて自分で運転して病院に出かけたんです」

ぽっかりと穴があいたように心は寂しかった。運転しながらふと目についた喫茶店の駐車場に入ってコーヒーを頼む。一方、悪かったと思った夫は子どもたちを車に乗せて緑さんを追いかける形で病院に向かう。

「初めて入った店でマスターと話していたら、偶然にも彼も頭痛に苦しむ難病を持っていたんです。痛みってたとえ家族でも絶対にわかってもらえない。マスターも奥さんから怠けているように見られて苦しかった思いを話してくれた。痛いけど痛いと言いたくない気持ちとか。もうすごく嬉しくなって、気づいたら痛みがひいていたんです」

晴れやかな顔をして家に帰ると、夫が冷ややかな顔で待っていた。今までどこに行っていたのかと聞かれ、緑さんがあったことすべてを嬉しそうに報告すると、夫は愕然としてこう言ったという。

『それをなんでおれに話してくれないの？　おまえがおれでなくてほかの人にそれを話したことがすごい寂しいよ……』

寂しい。強気の夫が初めてもらした弱音だった。

自分の弱い気持ち、恥ずかしい気持ち、寂しい気持ち。「深い話」は、そこからしか入っていけない。そういう意味では、ここが緑さん夫婦の入り口だったのかもしれない。

「病院に行ってもどうにもならない。それがわかってきたときにあることに気づいた。夫に何か言われて頭にきたときに必ず激痛になる。つまり私のストレスがこの病気を作ったんだって。そう思ったら、じゃあ自分で治せるんだと思ったんですね」

ストレスの原因は夫であり、夫に何も言えないことで抑圧している自分の感情がこの病気を作った。だとしたら「治療方針」は簡単だった。言いたいことを言える自分になればいいだけだ。そしてその機会はすぐにやってきた。

「痛みが激しくてソファで寝ていたら、夫がやってきて、おまえの自己管理が悪いから病気になったんじゃないかみたいなことを言われた。それを聞いた瞬間にブチ切れて言ったんです。自己管理なんかじゃない、この病気を作ったのはあんたのストレスなんだって」

ショックのあまり夫が言葉を失っているうちに、緑さんはこう宣言したという。

「病気になった原因はあなただけど、それをストレスに感じてしまう自分がもっと原因なんだとわかった。でもあなたは男は変われないと言っている。だから私は自分を変える。あなたとの関係をストレスにしないでいられる人間に自分を変えるから。でもすぐには変われないから時間をちょうだいと。そう言ったんです」

夫は黙って聞いている。聞くしかなかったのだろう。そこでこれから先、自分がどう変わるのかを緑さんは宣言した。

「私は今まで我慢していたけどこれからはしない。言いたいことを言えるように努力する。だからもしかしたらあなたは私が変わっちゃったと思ってびっくりするかもしれないけど、それはあなたとの関係をストレスにしないために変わることだから辛抱してほしい。また、変わるまでのプロセスとして、イライラしてあなたにギャンギャン言うかもしれないし、頭がおかしくなったように感じることもあるかもしれないけど、それもこれもあなたとうまくやっていくための変化だから辛抱してほしいと」

車椅子の人生になるかもしれない難病の妻からの決死の宣言だ。しかもその原因は「変われないおれ」であり、だから私が変わってやると言っているのだ。文句は言えまい。そして宣言したとおり、その時から緑さんは「言いたいことは言う」訓練を始めた。そして不思議なことに、訓練が進むにつれて痛みは出なくなったというのだ。

「あらゆる意味で病気は大きな転機だった。それまでは痛みに対してもすごく無理していた。ひたすら我慢して弱音を吐かなかった。でも、そこからは痛いときは家中に響くような大声で『痛い、痛い、痛ーい！』って叫ぶようにした。とにかく自分が感じていることを正直に表に出そうとつとめたんです」

もちろん自分の角を表に出せば相手の角とぶつかる。相手は簡単に引っ込めるような夫ではない。そのぶん喧嘩は増えた。悔しい思いもした。しかし角をつき合わせなければ相手を知ることはできない。しかも緑さんの目的は相手を変えることではなく自分自身を変えることであり、難病を治すという人生がかかっていた。

言いたいことは正直に伝える訓練。そしてその最後の総仕上げともいうべき事件が、5年前に起きた。緑さんが「浦島太郎事件」と呼ぶ世紀の大喧嘩だ。

夫との関係をストレスにしないために言いたいことは言うようにする。しかし緑さんが変わっても夫は変わらない。あいかわらず否定とダメ出しは健在だった。あくまでも妻として、母として、仕事のパートナーとして、夫は100点を要求してくる。

「家の中でも仕事感覚なんでしょうね。たとえば私の出来が70パーセントだったとすると、70パーセントやったことをまず認めてくれるんじゃなくて、どんなことしてもおまえがその30パーセントを埋めなければだめだろうという。でも、だって、は許されない。よくも悪くもショップの従業員と同じ扱いなんですよね」

事件の数日前もそうだった。出張中に頼まれていたことが「完璧」にはできなかった、そのことで頭ごなしに妻として否定されたのだ。

「たしかに完璧にはできなかった。でもほかのことで彼の仕事をフォローする動きはしていたんです。でもそれを言ったら、そんなわけないじゃんみたいな決めつけ方をされて相当むかむかしてはいたんですね。この人って本当に人のことを認めない人なんだなって。でもまさかそれがあんなことになるとは……」

数日後、スタッフや友人たちが集まった夫の誕生日祝いの食事会があった。その席で夫が例の「男は変われない生き物だから女は……」という話をしはじめた。その言葉を聞いた瞬間、ブチッと切れたかと思ったらもう止まらなくなっていたという。

「こいつまたこんなこと言ってると。で、気づいたらまくしたてていたんです」

「男は変われない？　しょせんアンタはその程度の器で根性なしなのよ！　いいわよアンタが変われないなら私が変わってやる、アンタより絶対でかい女になってやる〜！」と啖呵を切り、泣いて暴れたのである。20年間、耳にたこができるほど聞かされた「男は変われない生き物……」に押さえつけられてきた感情が堰を切ってあふれ出した。そこからはもう止まらなかった。

「夫は口を縫いつけたいぐらいだったと思うけど私は止まらない。で、どうしようもなくなって、黙れ！　と言ったの。犬にシャラップと言うみたいに。人がいなかったら彼は私を殴り飛ばしていたと思う。そこがまたちっぽけな生き物でできない。私は私で、もう体裁もへったくれもなくなっていたんで、泣くわ喚くわですごい会になってしまって。スタッフも友人も唖然ですよね。夫を立てる従順な奥さんで通っていたから。そのみんなに向かって『だいたいこの男はこうでね、この男のこのちんけな性根を見せてやる〜』みたいな。大暴れでした（笑）」

そこまで開き直ると何も怖くなくなる。家に帰ってぐっすり眠り、翌朝目覚めると心まで軽くなっていたという。ところがリビングに行くと浦島太郎が座っていた。

「浦島太郎みたいに一晩でがっくり老けこんだ夫がソファにぽつんと座っていたんです。生気がなくなって、本当にお爺さんみたいになっていた。うっそーって。でもその姿を見たとき、ああ私はこの人を愛しているんだなと思ったの。この人はこの先も自分を変えられないだろう、でも私は絶対に離婚しないって……」

夫は何も言わなかった。しかし、一晩でぼろぼろになるほど妻の本心と向き合った、受け入れたのだ。その姿を見たとき、妻はもうひとつ深いところにある自分の本心と出会う。

「あんたのこういうところが本当に大嫌いなのよ！　とすべてぶちまけた、でもその後には恨みもつらみもなくて。かといって相手がそれで自分を変えられる人でもないのを知っている。でも不思議と私はこの人とずっと一緒にいる、離婚はしないと思っている自分がいた。で、これが愛なのかなと思ったんですよね」

あるときあるきっかけで抑圧されていた感情が一気に噴き出す。そのことにどんなパワーがあるのかわからないが、まるで憑き物が落ちるように何かが変わる例はいくつもある。そしてその、静かになった心で夫を見ると、違う何かが見えてくる。

「今までずっと反発してきた夫の嫌だった面に対して、違う見方ができるようになった。それと対比するように自分の姿も見えてくる。言い方に反応するんじゃなくて本質が見えるというか、この人はすごい人だな、とまで思うようになったんですね」

たとえば結婚して20年、一番の喧嘩の種は掃除だった。夫は部屋が散らかっていても平気だが、埃や手垢で汚れているのは嫌がる。緑さんは逆で、汚れていても平気だが散らかっているのが嫌で見た目はすっきりさせていたい。「嫌味ったらしく」目の前でふき掃除を始める夫に「埃で死ぬわけじゃなし」とつねに腹を立てていたという。

「ようするに私はうわっつら主義で、夫は本物志向なんですよね。掃除はそのお互いの本質をよく表しているんです。夫は人前で自分をよく見せようとしたり格好つけたりしない。自分のやることには自信を持っているけど、できないことに対して見栄を張らない。嘘つかないしズルしない。私は逆ですよね。嘘つくしズルするし、ハッタリもかます

（笑）。そういう意味ではこの人ってすごいなって。人間として尊敬できる」

ありのままの自分をさらしたことで、夫をありのままに見ることができた。それまでは「被害者意識」で目がくもり、夫の本質も自分の問題も見えていなかったことに気づく。

「自分の苦しさをずっと夫のせいだと思っていたけど、実は自分の問題だったんですよね。夫からもよくおまえは甘え下手だと言われていた。つねに緊張感のある家庭で育ったので甘えさせてもらえる環境じゃなかった。甘えたときに受け入れてもらえる自信がない。甘えることに不安がある。だからいつも我慢して、自分は人に甘えなくてもできる人間なんだって優等生をやってきた。だからダメ出しされて悔しい、否定されて傷つく。夫に対してもどこかで見下していたというか、自分のほうができると思っていたんでしょうね。相手を認めていなかったのは私なんですよ」

そうだったんだ、と認めたら嘘のように楽になったという。目の前で夫がふき掃除を始めても「サンキュ、サンキュ、ついでにここも……」と言える。夫は夫で「おまえに掃除の才能がないのはわかった。むかむかするぐらいなら自分でやるわ」と朝から鼻歌まじりで家中に掃除機をかけている。

「たしかに夫婦って鏡なんでしょうね。相手は私の姿を映し出していた。私が変わると鏡である向こうも変わる。それに気づくのに20年もかかってしまった（笑）。でもあの病気になってあそこまで追いつめられなかったら、私はまだ自分の中で戦っていたと思う。被害者意識ばりばりで、てんぱって、夫に向かっていたんでしょうね（笑）」

夫は「男は変われない生き物」説を今も変えていない。でも妻の言葉には耳を傾け、話し合いに背を向けなくなったという。夫にとって「都合のいい妻」だった緑さんが「鬼のように言い返す嫁」に変身したからだ。

「長い戦いだったけど、今の私たちはほんとにいい関係だって人にも言える。楽なんですね。言い方は気をつけますが、思ったことは正直に伝えられるから」

デッドゾーンを越えて10倍のロマンスは手に入ったのだろうか。

「愛は形にしなくてもわかる、が夫の持論だった。つきあい始めの頃『私のこと好き?』って聞いたら『好きって言わなかったらどうすんの』『そんなのは言われなくてもわかることでしょ』と言われて二度と聞けなくなった。でも今は夫婦だからこそ形で、言葉で伝えないとわからないんだと、スタッフの結婚式のスピーチでもそうアドバイスしていましたから（笑）。言葉とかハグとか、大好きだって表現することは恥ずかしいことではなくなったみたいです」

夫婦から「得がたい親友」へ

「別れた夫も今暮らしているパートナーも本音トークの人なんですね。私も不器用というか、いわゆる仮面かぶって人とつきあうことができない。そのぶんえらい目にあったという部分はあるかもしれない（笑）。でも人間関係で正直であることは基本だと思うんです。正直であるかぎり信用はできる。それは離婚のときに夫から教えてもらったことが大きい。すごい人だなって思いました」

小田島蘭子さん（48歳）。4年前に離婚して沖縄に移住した元の夫とは「得がたい親友」として離婚後もたびたび行き来している。蘭子さんの現在のパートナーとも仲良しだ。しかしここにくるまでには、それぞれに心の修羅を何度もくぐりぬけてきた。そのきっかけは8年前、結婚15年目におきた蘭子さんの恋だ。

「25歳で結婚するまで、それなりに恋愛もしてセックスもした。でもそれは男女というより、こいつとなら親友になれると思った相手がたまたま男だったという感じだったんです。セクシャルな意味での男とか女とか、そういう情念とかときめきはなかった。それは夫もそうだった、だからとても仲が良かったしうまくいっていたんです」

2つ年上の夫は一言で言うととても穏やかな人だった。誰に対しても謙虚で、親切で、誠実だった。離婚するまでの17年間、蘭子さんに対してもそれは変わらなかったという。それだけでもすごい人だ。

「いや、最初の3年間は激しく喧嘩してましたね。結婚して一緒に暮らし始めるとお互いに素の自分が出てくる。すごくどうでもいいことが原因でものすごい喧嘩になる（笑）。とくに私は喧嘩がコミュニケーションの手段という家庭で育ったので、相手に不満を向けるという形の喧嘩しか学習していなかった。そういう私が引き出してしまうのか、夫も最初のうちはけっこう切れやすかったんですよね。喧嘩ってしているうちにどんどん本筋からずれていくわけで、最後は走って逃げる夫を私が追いかけていってものを投げたりと（笑）。でもそんなことをやってる3年間で喧嘩のやりかたを学習していったんですね」

喧嘩をしていくうちに相手が突いてほしくないところがわかってくる。ぎりぎりまで追いつめるような言い方をしなくなる。相手がぴりぴりしているときのはずし方がうまくなる。無意味な真っ向勝負は避けるようになる。そこを修得してからの10年間は長年つれそった老夫婦のように穏やかな関係だったという。クリエーター同士、仕事でも事務所を共有し、夫は全面的に蘭子さんの創作活動をバックアップした。

「ただそのぶん男女という感覚は薄れていく。どんどん家族っぽくなっていくのね。夫婦は家族っぽかったり兄弟っぽかったりいろんな顔を持っているしそれが理想だと私は思っていて、それを両者が受け入れてたからいよいよもって縁側で日向ぼっこしてるような穏やかな夫婦になっていった」

セックスからも遠のいていく。夫とは性的な相性はよかったが、後半の7年間はそれこそ「盆と暮れ」状態だったという。それでいいと思っていた。しかし心の奥深くではつねに「ほんとうにこれでいいのか」という声がしていた。

「性的な興味というのは子どものころから強かったと思うんだけど、それをずっと抑え込んできたんですね。母親が自分の女性性を否定しまくっている人で、清楚な娘さんタイプ以外の女の存在を目の仇にして否定していた。その影響で、私も学生時代から華やかな女性とかセクシーな服を着る女性を激しく嫌悪していた。だからそれまでは服装も白いシャツに紺のスーツみたいな、もちろん第1ボタンまでしめてます、みたいな（笑）。今の私からは想像できないでしょうが」

しかしその一方で、性的な描写のある映画や文学に強くひきつけられていた。ベッドシーンの箇所を何度も読み返し、B級のスウェーデン映画がくるとひとりで観に出かけた。性的な興味が強いという自覚と、そういうものを表に出してはいけないという抑圧。つまり性的には引きさかれていた状態だった。

「性的な欲望が強いと気づいたのは、20歳すぎてセックスしてから。つまらないものではなかったけれど、何年たっても『こんなもんか？』というのがつねにあった。こんなもんじゃないだろう、みたいな。知らないくせにすごい確信があったんです」

このまま女として「何もない」まま終わるのか。ほんとうにそれでいいのか。

それはたんにセックスのあるなしではなく、性というものの深さであり、女としての可能性だった。セックス、性とは、もっとすごいものなのではないか。事実、その歓びを手にしている女性はたくさんいる。自分はそれを手にしないままで終わるのかと。

ちょうど40歳。このまま女を畳んでいっていいのかどうかの岐路に立っていた。ましてずっと興味がなかったのではない、興味がないことにしていたのである。

そんな蘭子さんの「思い」に引きつけられるようにアプローチしてくる男性が現れた。セクシャルな部分で「男」として生きている同業者だった。

「あ、自分の中にこんなに女の部分があったんだと気づいた。正直、セックスそのものは良くはなかったんです。夫のほうがずっと合った。ただ彼は今まで私の世界になかったものを取り入れていた」

「言葉」だ。言葉による盛り上げが素晴らしかった。耳元でささやかれるS的な言葉で、蘭子さんの中にあるタブーやエゴの壁がどんどん壊されていく。それは信じられないほどの快感だったという。しかしわずか3ヶ月で彼は去った。蘭子さんが夢中になりすぎたこともあってフラれたのだ。そして夫にバレたのはその半年後だった。言い訳もせずに認めた蘭子さんに、夫は初めて激怒した。

「あの穏やかな人がレンジを投げたりして。当然ですよね。ただその時点では関係はすでに終わっていたし、私だけが未練たらたらで追いかけていて、うつになりかけていた。その打ちひしがれ方が半端じゃなかったので、仕事仲間でもある夫としてはフォローに入るしかなかったんでしょうね」

嫉妬と未練という妻の苦しい感情の聞き役に徹し、気晴らしに旅行に連れて行ってくれたという。しかし実は、蘭子さんの本当の苦しさは彼を失ったことではなかったという。

「恋をしたことで性的に火がついた、ついたけど彼とのセックスでそれは満たされなかった。その苦しさですよね」

女としても性的にも一番華やかなはずの20代、30代に、自分が心から望んでいたものから目をそらし続けてきた。その事実を知ってしまった以上、もう元の自分には戻れなかったという。

「それを夫に向ければいいじゃないかというのはもうできなかった。無理だった。それまでとは対極にあるもの、開けたことのなかった扉を開けてしまって、一方の夫は元の場所にいる。そこにはもう戻れないですよね。お互いに別の世界に住んでいる。それを相手にこっちにきてと望むのは無理だと思うから」

元の生活には戻っても元の2人には戻りようがなかった。夫が許して受け入れたとしても、すでに蘭子さん自身の変化が決定的だったからだ。

「この先の人生に恋愛をあきらめるという選択肢はなかった。女としてガーッと開いてしまったものをなかったことにはできない。その時のパッションというか、そういうものを鎮火させることはもう不可能だったからです」

罪悪感はなかった。あるのは自ら拒絶してきた性の歓びを今までのぶんまで取り返さないでは死んでも死にきれないという、その強烈な思いだけだった。そしてその強烈な欲求が引きよせたのが妻子のあるジャーナリストだった。人生が大きく動くときの展開の早さ、見えない何かがぐんぐんと自分をつき動かしていくようだったという。

「そのときの自分の段階に合った人がくるんでしょうね。いろいろな意味で反応がよくて見た目も含めて男という感じの人だった。セックスにかなり興味ある人で、性にタブーなしという人だった。ある意味極端なところまで行ったんですね。自分の中にマゾっ気があるという自覚はあってもそれを要求することができなかった。それを見抜いた人だった」

知らなかった自分、知らなかった世界の扉が次々と開いていく。それは自分自身が抑圧して押し殺してきた女性性の解放だった。しかしそのぶん夫が受けたショックと落胆は半端ではなかった。自分と相手の男のどちらを選ぶのかという問題ではないとわかるからだ。静かな怒りと冷たい空気。その中でひとり葛藤し苦しんだ夫は最後の結論を蘭子さんにつきつけた。「おれと本気でやり直す気持ちがあるのか、あるならおれはこれまでのすべてを許す」と。つまり人生に恋愛をあきらめるかどうか、という選択を迫ったのである。

「正直、このときまでは離婚は考えられなかった。あらゆる意味で私の人生からいなくなっては困る人だった。精神的にも仕事のパートナーとしても。でも彼とやり直すためには開いちゃったこの情熱を殺さないといけない。そうすれば結婚生活は成り立つかもしれないけど、私自身は死ぬ。おそらくどこかで夫を逆恨みすると思った。私にとってはどっちの男を選ぶかではなく、どちらの生き方を選ぶのかという選択だった」

変わる前の自分と変わった後の自分、どちらの自分を取るか。元に戻ることはできない、前に進むしかなかったという。

それを夫に伝えた瞬間、2人の離婚が決定した。とりあえず別居することにして仕事はこれまでと同じように協力する。まるで蘭子さんの答えを予期していたかのように、夫は冷静で淡々と話を進めていったという。

「後悔はなかった。むしろ進むべき方向にシフトできたことの嬉しさのほうが強かった。

もっと言うと、別居すればもっと恋人と自由に会えるようになる。手料理を食べさせたり、泊まっていったりできる。そのことで夢がふくらんで有頂天だったかもしれない」

しかし明日引っ越しという晩になって夫と大喧嘩になった。ささいなことで口論になり、それまで穏やかだった夫が感情を爆発させたのだ。

「頭の中で何度も相手の男の尻にナイフをつきたてる自分が出てきて消えない。何でおれがこんなに苦しい思いをしなければならないんだって。そう言って泣いたんです」

初めて見る夫の姿であり男泣きだった。

「何も言えなかった。でもすごい人だと思った。嫉妬とか、悔しさとか、未練とか、ふざけんなと思う自分とか。これまでのそういう気持ちのゆれをきちんと出してくれた。苦しい感情を正直に出してくれた。結果はどうあれ、そういう相手には敬意が残る。やっぱりすごい人だなって、そこにはゆるぎないものが残る」

自分の感情に正直になるのは怖いことだ。誰だってできればかっこよく美しくまとめたい。みじめな自分を出したくない。男としてのプライドもコンプレックスも守りたい。しかしそこを克服して自分の苦しい感情をまるごと受け入れたとき、想像もしなかった自分に出会うことがある。

「最終的には『絶対におれはおまえを許せない』と言いすてて、ヘトヘトになって寝室に行っちゃったんですが。階段をトントンと上がりながら『でも許せるかも……』とふっと思ったらしいんです。で、そのまま寝て、翌朝起きたらほんとうに許せている自分がいたと（笑）」

離婚して男女としては終わった。しかしそこまでの苦しいプロセスの中で人間としてのさらに強い信頼関係が残ったという。それはそれぞれが自分の感情に向き合い、それを正直に相手に伝えようとしたからだろう。正直であること、そして真剣さにおいて同じである2人がぶつかり合うことで、夫婦とか男女を越えた何かが生まれる。

「私が言うのもなんですが、20年間の結婚生活の中でお互いが自分に正直であることで信頼関係は作ってきたと思う。それでもふつうは2度も裏切られたらありえない。そこはやっぱり彼のすごさだと思う。私だったらできないと思うし、彼がその境地まで行ってくれなかったら到底今のような関係にはなりえなかったと思う」

蘭子さんが別居したことを知ると妻子ある恋人は「びびって逃げて行った」。夫とは対極にいるふつうの男だったのだ。再び打ちひしがれる妻の新居に、夫はワインを片手に「慰問」に訪れて慰めてくれたという。そして蘭子さんにふさわしい今のパートナーが現れたとき、夫は自分の夢だった沖縄移住を決心している。

夫もまた、新しい扉を開けたのだ。

石坂晴海（いしざか・はるみ）

神奈川県横浜市生まれ。92年、離婚した女性の本音をルポした処女作『×一の女たち』(扶桑社文庫）が〝バツイチ〟ブームの火付け役となる。以後、女性の生き方や結婚、恋愛、家族などをテーマにした執筆活動を展開。『掟やぶりの結婚道』（講談社文庫）『離婚した勇気、再婚する情熱』（新風舎文庫）など著書多数。波流（haru）のペンネームでフィクション作品『Joy Joy Joy』（小学館）も発表している

男と女の離婚格差

2007年4月17日　　初版第1刷発行

著　者　石坂晴海
発行者　秋山修一郎
発行所　株式会社小学館
〒101-8001
東京都千代田区一ツ橋　2-3-1
電話　編集　03-3230-5958
　　　販売　03-5281-3555
D T P　ためのり企画
印刷所　凸版印刷株式会社
製本所　株式会社若林製本工場

ISBN978-4-09-379749-8